G000124711

I went to
the woods

because
I wished

to live
deliberately,

to front only the

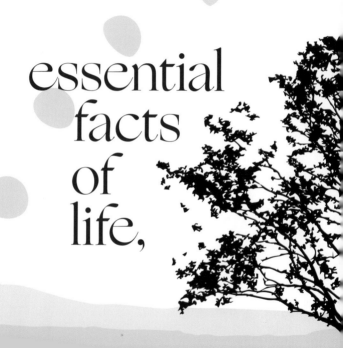

essential
facts
of
life,

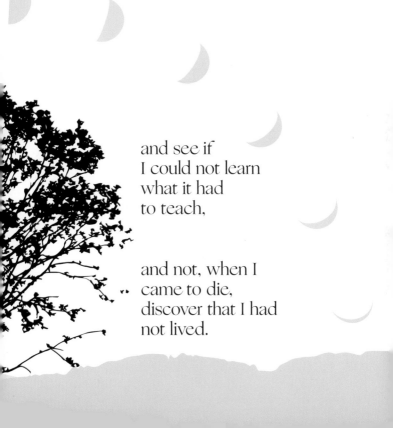

and see if
I could not learn
what it had
to teach,

and not, when I
came to die,
discover that I had
not lived.

I did not wish to live
what was not life,
living is so dear;

nor did I wish to
practise resignation,
unless it was quite
necessary.

I wanted to live deep
and suck out all the
marrow of life,

to live so sturdily and Spartan-like as to put
to rout all that was not life, to cut a broad
swath and shave close, to drive life into a
corner, and reduce it to its lowest terms,

and, if it proved to be mean, why then to get
the whole and genuine meanness of it, and
publish its meanness to the world;

or if it were sublime, to know it by
experience, and be able to give a true account
of it in my next excursion.

For most men, it appears to me, are in a strange uncertainty about it, whether it is of the devil or of God, and have somewhat hastily concluded that it is the chief end of man here to "glorify God and enjoy him forever."

Still we live meanly, like ants;

Though the fable tells us that we were long
ago changed into men; like pygmies we
fight with cranes;

it is error upon error, and clout upon clout, and our
best virtue has for its occasion a superfluous and
evitable wretchedness.

Our life
is frittered
away by
detail.

An honest man has hardly
need to count more than his
ten fingers,
or in extreme cases he
may add his ten toes,
and lump the rest.

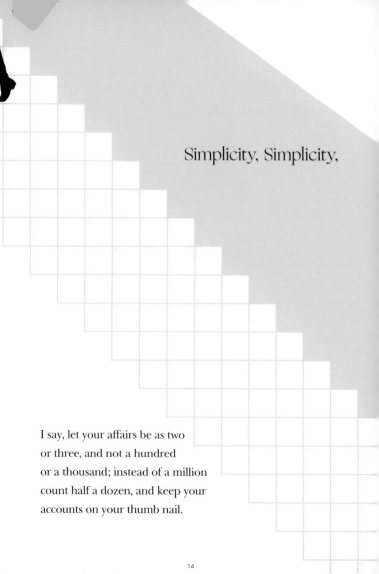

Simplicity, Simplicity,

I say, let your affairs be as two
or three, and not a hundred
or a thousand; instead of a million
count half a dozen, and keep your
accounts on your thumb nail.

Simplicity!

In the midst of this

chopping
sea of
civilized
life,

such are the clouds and storms and quicksands and thousand-and-one items to be allowed for, that a man has to live, if he would not founder and go to the bottom and not make his port at all, by dead reckoning, and he must be a great calculator indeed who succeeds.

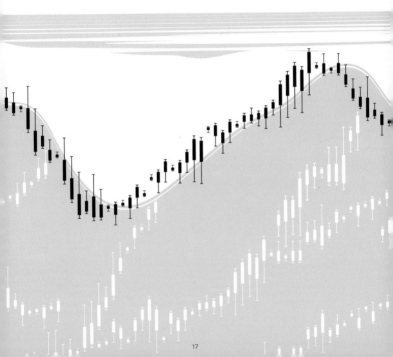

Simplify,

simplify.

Instead of three meals a day, if it be necessary eat but one; instead of a hundred dishes, five; and reduce other things in proportion.

The nation itself, with all its so called internal improvements, which, by the way are all external and superficial, is just such an unwieldy and overgrown establishment, cluttered with furniture and tripped up by its own traps,

ruined by luxury and
heedless expense,

by want of calculation and a worthy
aim, as the million households in the
land; and the only cure for it as for
them is in a rigid economy, a stern
and more than Spartan simplicity of
life and elevation of purpose.

It lives too fast.

Men think that it is essential that the
Nation have commerce, and export
ice, and talk through a telegraph, and
ride thirty miles an hour, without a
doubt, whether they do or not; but
whether we should live like baboons
or like men, is a little uncertain.

If we do not get out sleepers,
and forge rails, and devote
days and nights to the work,
but go to tinkering upon
our lives to improve them,
who will build railroads?

And if railroads are not built,

how shall we get to

heaven in season?

But if we stay at home
and mind our business,
who will want railroads?

We do not ride on the railroad;

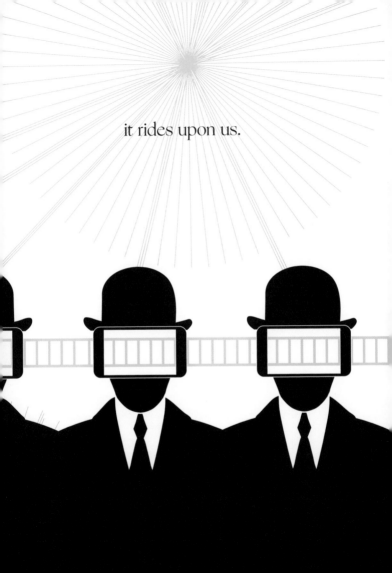

Did you ever think what those sleepers are that underlie the railroad? Each one is a man, an Irish-man, or a Yankee man. The rails are laid on them, and they are covered with sand, and the cars run smoothly over them. They are sound sleepers, I assure you.

And every few years a new lot is laid down and run over; so that, if some have the pleasure of riding on a rail, others have the misfortune to be ridden upon.

And when they run over a man
that is walking in his sleep, a
supernumerary sleeper in the wrong
position, and wake him up, they
suddenly stop the cars, and make a
hue and cry about it, as if this were
an exception.

I am glad to know that it takes a gang
of men for every five miles to keep the
sleepers down and level in their beds
as it is, for this is a sign that they may
sometime get up again.

Why should we live with such hurry and waste of life?

We are determined to be starved
before we are hungry. Men say that a
stitch in time saves nine, and so they
take a thousand stitches to-day to
save nine to-morrow.

As for work,
we haven't any of
any consequence.

We have the Saint Vitus'
dance, and cannot possibly
keep our heads still.

If I should only give a few pulls at the parish bell-rope,
as for a fire, that is, without setting the bell, there is
hardly a man on his farm in the outskirts of Concord,

notwithstanding that press of engagements which was
his excuse so many times this morning, nor a boy,
nor a woman,

I might almost say, but would forsake all and follow that
sound, not mainly to save property from the flames,

but, if we will

confess
the truth,

much more to see it burn, since burn it must, and we, be it known did, not set it on fire,

– or to see it put out, and have a hand in it, if that is done as handsomely; yes, even if it were a parish church itself.

Hardly a man takes a half hour's nap after dinner, but when he wakes he holds up his head and asks,

"What's the

news?"

as if the rest of mankind had stood his sentinels.
Some give directions to be waked every half
hour, doubtless for no other purpose; and then,
to pay for it, they tell what they have dreamed.

After a night's sleep the news is as indispensable
as the breakfast.

"Pray, tell me anything new
that has happened to a man
anywhere on this globe,"

–and he reads it over his coffee and rolls, that a man has had his eyes gouged out this morning on the Wachito River; never dreaming the while that he lives in the dark unfathomed mammoth cave of this world, and has but the rudiment of an eye himself.

For my part, I could easily do without the post-office. I think that there are very few important communications made through it. To speak critically, I never received more than one or two letters in my life – I wrote this some years ago – that were worth the postage.

The penny-post is, commonly, an institution through which you seriously offer a man that penny for his thoughts which is so often safely offered in jest.

And I am sure that I never
read any memorable news in
a newspaper.

If we read of one man robbed, or murdered, or
killed by accident, or one house burned, or one
vessel wrecked, or one steamboat blown up, or
one cow run over on the Western Railroad, or one
mad dog killed, or one lot of grasshoppers in the
winter,—we never need read of another. One is
enough. If you are acquainted with the principle,
what do you care for a myriad instances and
applications?

To a
philosopher,

all news
is gossip.

Shams and delusions are esteemed for soundest truths, while reality is fabulous. If men would steadily observe realities only, and not allow themselves to be deluded, life, to compare it with such things as we know, would be like a fairy tale.

If we respected only what is inevitable and has a right to be,

music & poetry would resound along the streets.

When we are unhurried and wise, we perceive
that only great and worthy things have any
permanent and absolute existence, —that petty
fears and petty pleasures are but the shadow
of the reality.

This is always exhilarating and sublime.

By closing the eyes and slumbering, and
consenting to be deceived by shows, men
establish and confirm their daily life of
routine and habit everywhere, which still is
built on purely illusory foundations.

Children, who play life, discern its true law
and relations more clearly than men, who fail
to live it worthily, but who think that they are
wiser by experience, that is, by failure.

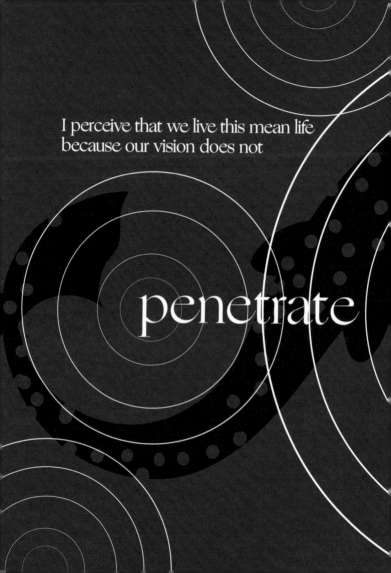

I perceive that we live this mean life
because our vision does not

penetrate

We think that that is which appears to be. If a man should walk through this town and see only the reality, where, think you, would the "Mill-dam" go to?

If he should give us an account of the realities he beheld there, we should not recognize the place in his description.

Look at a meeting-house, or a court-house, or a jail, or a
shop, or a dwelling-house, and say what that thing really is
before a true gaze, and they would all go to pieces in your
account of them.

Men esteem truth remote, in the outskirts of the system,
behind the farthest star, before Adam and after the last man.

In eternity there is indeed
  something true and sublime.

But all these times and places
  and occasions are now and here.

God himself culminates in the present moment, and will never be more divine in the lapse of all the ages.

And we are enabled to apprehend at all what is sublime and noble only by the perpetual instilling and drenching of the reality that surrounds us.

The universe constantly
and obediently
answers to our
conceptions;

whether we travel fast

or slow,

the track is laid for us.

Let us spend our lives in conceiving then.

The poet or the artist never yet had so fair and noble a design but some of his posterity at least could accomplish it.

Let us spend one day as deliberately as Nature,

and not be thrown off the track
by every nutshell and mosquito's
wing that falls on the rails.

Let us rise early and fast,

The poet or the aor break fast, gently and without perturbation; let company come and let company go, let the bells ring and the children cry,—determined to make a day of it. Why should we knock under and go with the stream?

Let us not be upset

and overwhelmed in that terrible rapid and whirlpool called a dinner, situated in the meridian shallows. Weather this danger and you are safe, for the rest of the way is down hill.

With unrelaxed nerves, with morning vigor, sail by it, looking another way, tied to the mast like Ulysses. If the engine whistles, let it whistle till it is hoarse for its pains.

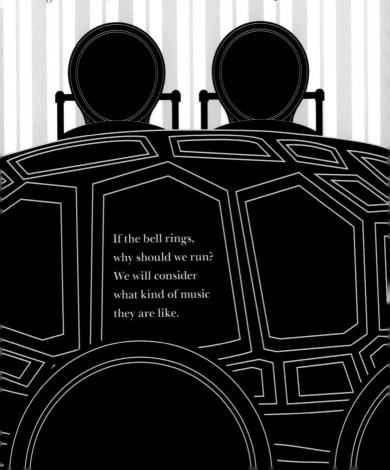

If the bell rings, why should we run? We will consider what kind of music they are like.

Let us settle ourselves, and work and wedge our feet

downward through the mud and slush of opinion, and prejudice, and tradition, and delusion, and appearance, that alluvion which covers the globe, through Paris and London, through New York and Boston and Concord, through church and state, through poetry and philosophy and religion,

till we come to a hard bottom and rocks in place, which we can call reality,

and say,

"this is."

And then begin, having a point d'appui, below
freshet and frost and fire,

a place where you might found a wall or a state,

or set a lamp-post safely, or perhaps a gauge,
not a Nilometer, but a Realometer, that future
ages might know how deep a freshet of shams
and appearances had gathered from time to
time.

If you stand right fronting and face to face to
a fact, you will see the sun glimmer on both
its surfaces, as if it were a cimeter, and feel its
sweet edge dividing you through the heart
and marrow, and so you will happily conclude
your mortal career.

Be it life
or death,

we
crave
only
reality.

If we are really dying, let us hear the rattle in our throats and feel cold in the extremities; if we are alive, let us go about our business.

Time is but the stream I go a-fishing in.

I drink at it; but while I drink I see the sandy bottom and detect how shallow it is. Its thin current slides away, but eternity remains.

I would drink deeper;
Fish in the sky, whose bottom
is pebbly with stars.

I cannot count one. I know not the first letter of
the alphabet. I have always been regretting that
I was not as wise as the day I was born.

The intellect is a cleaver;
it discerns and rifts its way
into the secret of things.

My head is hands and feet. I feel all my best
faculties concentrated in it. My instinct tells
me that my head is an organ for burrowing, as
some creatures use their snout and fore-paws,
and with it I would mine and burrow my way
through these hills.

I think that the richest vein is
somewhere hereabouts;

so by the divining-rod and
thin rising vapors I judge;

and here I will begin to mine.

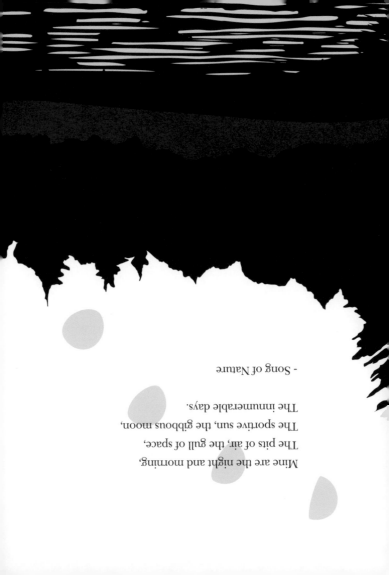

Mine are the night and morning,
The pits of air, the gull of space,
The sportive sun, the gibbous moon,
The innumerable days.

- Song of Nature

The Obvious State Classics Collection is an evolving series of visually reimagined beloved works that speaks to contemporary readers. The pocket-sized, collectable editions feature the selected works of celebrated authors such as T. S. Eliot, Edgar Allan Poe and Walt Whitman.

Each edition is illustrated by Obvious State Co-founder, Evan Robertson, who aims to elucidate themes in the work visually. The minimalist books are a great gift for current classics lovers and those who want a beautiful introduction to foundational, enduring works.

Obvious State is a creative studio in pursuit of wisdom and beauty.

We're inspired by provocative language that has stood the test of time, poetry that captures the beauty of the human experience, and philosophy that drives us to examine and re-examine.

We aim to create art and thoughtfully designed gifts that prompt conversations and bring aesthetic joy to everyday objects.

www.obviousstate.com
@obviousstate

ENGLISH · GREEK
DIALOGUES

ΕΛΛΗΝΟ · ΑΓΓΛΙΚΟΙ
ΔΙΑΛΟΓΟΙ

ATHENS

ISBN 960 226 202 8

Reprinted 1990

Distributed by:
EFSTATHIADIS GROUP S.A.
Ag. Athanasiou Str. GR. 145 65 Anixi Attikis Tel. 8136871-2
14 Valtetsiou St. GR 106 80 Athens Tel. 3615011
34 Olympou-Diikitiriou St. GR. 546 30 Thessaloniki Tel. 511781

EFSTATHIADIS GROUP
Bookshop: 84, Academias St. Tel. 3637439

NOTE TO FOREIGNERS

The three Greek letters: γ, δ, ϑ are pronounced as follows :

γ = is pronounced like the English y in the word «yes»
δ = »   »   »   »   »   th »   »   » «the»
ϑ = »   »   »   »   »   th »   »   » «thank»

THE GREEK ALPHABET

A α is pronounced as "a,,   in the word d a r k
B ϐ »   »   » English "v,,
Γ γ »   »   » the English "y,, in the word y e s
Δ δ »   »   »   »   "th,, »   »   »   t h e
E ε »   »   »   »   e »   »   »   b e d
Z ζ »   »   »   »   z
H η »   »   »   »   i »   »   »   t h i n k
Θ θ »   »   »   »   th »   »   »   t h i n k
I ι »   »   »   »   i »   »   »   t h i n k
K κ »   »   »   »   k
Λ λ »   »   »   »   l
M μ »   »   »   »   m
N ν »   »   »   »   n
Ξ ξ »   »   »   »   x
O ο »   »   »   »   o
Π π »   »   »   »   p
P ϱ »   »   »   »   r
Σ σ »   »   »   »   s
T τ »   »   »   »   t
Υ υ »   »   »   »   i   in the word t h i n k
Φ φ »   »   »   »   f
X χ »   »   »   »   h »   »   » h e r e
Ψ ψ »   »   »   »   ps
Ω ω »   »   »   »   o »   »   » s t o r m

Β΄ ΤΟ ΑΓΓΛΙΚΟΝ ΑΛΦΑΒΗΤΟΝ

A a (ἔϊ) B b (μπὴ) C c (σὴ) D d (ντὴ) E e (ἤ) F f (ἔφ)
G g (τζὶ) H h (ἔϊτσ) I i (ἄϊ) J j (τζέϊ) K k (Κέϊ) L l (ἔλ)
M m (ἔμ) N n (ἔν) O o (ὄου) P p (πὶ) Q q (κιοὺ)
R r (ἄρ) S s (ἔς) T t (τὶ) ∪ u (γιοὺ) V v (βὶ)
W w (ντάμπλιγιου) X x (ἔξ) Y y (γουάϊ) Z z (ζὲντ)

Η ΠΡΟΦΟΡΑ

ΤΑ ΣΥΜΦΩΝΑ

Τὸ B b προφέρεται ὡς «μπ» π. χ. back (μπακ) = πίσω

Τὸ C c προφέρεται 1) ὡς "s,, πρὸ τῶν φωνηέντων e, i
καὶ y π. χ. city (σίτι) πόλις,
civil (σίβιλ) ἀστικός, cynic (σί-
νικ) = κυνικὸς

2) ὡς "K,, πρὸ τῶν φωνηέντων
a, o, u π. χ. cat (κὰτ) — γάτα,
cold (κὸλντ) κρύο, curious
(κιούριας) περίεργος

3) ὡς «ξ» ὅταν ἀκολουθῇ ἕτερον c
π. χ. accept (ἀξὲπτ) = δέχομαι

4) ὡς "τσ,, ὅταν ἀκολουθῇ h, π.χ.
French (φρὲντσ)=Γάλλος

Τὸ D d προφέρεται ὡς «ντ» π. χ. day (ντέη) ἡμέρα

Τὸ F f προφέρεται ὡς «φ» π. χ. France (φρὰνς)
= Γαλλία

ΤΟ ΑΓΓΛΙΚΟΝ ΑΛΦΑΒΗΤΟΝ

Τὸ Gg προφέρεται 1) «τζ» πρὸ τῶν φωνηέντων e,i,y π.χ.
π.χ. general (τζένεραλ)=στρατηγὸς

2) ὡς «γκ» εἰς τινας λέξεις ὡς : anger
(ἄνγκερ): θυμός, finger (φίνγκερ) :
δάκτυλο, tiger (τάϊγκερ) : τίγρις,
get (γκὲτ) : παίρνω κ.λ.π.

3) ὡς «γκ» εἰς τὸ τέλος λέξεως : big
(μπίγκ) μεγάλος, beg (μπὲγκ) ζητῶ

4) ὡς «φ» ἀκολουθούμενον ἀπὸ τὸ h
laugh (λάφ.) : γελῶ, enough (inaf)
: ἀρκετὰ

5) εἶναι ἄφωνον καὶ δὲν προφέρεται
ὅταν ἀκολουθῆται ἀπὸ τὸ n: foreign
(φόριν) = ξένος
Ὁμοίως : εἰς τὸ μέσον λέξεως ἢ εἰς
τὸ τέλος λέξεως ὅταν ἀκολουθῆται
ἀπὸ τὸ h: bright (μπράϊτ): φωτεινός,
high (χάϊ) : ὑψηλός.

Τὸ Η h προφέρεται ὡς «χ» π.χ. happy (χάπι)—εὐτυχὴς
Ἐξαιροῦνται αἱ λέξεις : honest
(ὄνεστ) τίμιος hour (άουα) ὤρα,
humour (χιοῦμορ) χιοῦμορ, honour
(ὄνορ) τιμή, heir (έϊρ) κληρονόμος
κλπ. ὅπου δὲν προφέρεται καθόλου

Τὸ J j προφέρεται «τζι» π. χ. John (τζὼν) : ·Γιάννης

6

Τὸ K k προφέρεται ὡς «κ» π. χ. (κὶνγκ) : = βασιλεύς :
Ὅταν ἀκολουθῆται ἀπὸ n εἶναι
ἄφωνον : π. χ. Know (νόου)₂
γνωρίζω

Τὸ L l προφέρεται ὡς «λ» π.χ. look (λοὺκ) : παρατηρῶ.
Εἶναι ἄφωνον εἰς ὡρισμένας λέξεις
ὡς : alms (ἀμζ)=ἐλεημοσύνη, half
(χὰφ)=μισό, could (κοὺντ) = θὰ
μποροῦσα κ.λ.π.

Τὸ M m προφέρεται ὡς «μ» : Mother (μάδερ)=μητέρα
Τὸ N n   »   » «ν» :   No   (νόου)=ὄχι
Τὸ P p   »   » «π» : pull   (πούλ) = τραβῶ

Τὸ P h   »   1)   «φ» : ὡς Philip (φίλιπ) Φίλιπ-
πος, Pharmacy (φάρμασι) Φαρμα-
κεῖον κ.λ.π.

2) ὡς «β» εἰς τὴν λέξιν «Stephen»
(Στίβεν) Στέφανος
Τὸ Q q προφέρεται ὡς «κ» : queen (κουὴν) : βασίλισσα
Τὸ R r   »   » «ρ» : (ρέντ) : κόκκινο
Τὸ S s   »   » «ς» : εἰς τὴν ἀρχὴν λέξεως :
sorrow (σόροου) λύπη

2) ὡς «ζ» : εἰς τὴν κατάληξιν «sion»
ἐὰν προηγῆται φωνῆεν illusion
(ἰλούζν) αὐταπάτη καὶ ὡς «σ»
ἐὰν προηγῆται σύμφωνον : con-
fession (κονφέσν) ἐξομολόγησις
3) Εἶναι ἄφωνον εἰς τὰς λέξεις island
(ἀϊλαντ) νησὶ κ.λ.π.

Τὸ Sch προφέρεται ὡς «σκ» : scheme (σκήμ) σχέδιον

Τὸ Sh   »   ὡς «σ» παχὺ — Shave (σέηβ)
                                   ξυρίζομαι

Τὸ T t   »   1) ὡς «τ» : time (τάημ) χρόνος
               2) ὡς «σ» εἰς τὶς καταλήξεις tial
                     tian, tient, tience, tion, tious
               3) Εἶναι ἄφωνον εἰς τὰς λέξεις castle
                     (Κασλ) φρούριον κ.λ.π.

Τὸ th προφέρεται 1) ὡς «δ» : the (δὴ) : ὁ, ἡ, τό, οἱ, αἱ, τὰ
                 2) ὡς «θ» : Thanks (θένκς) — εὐχαρι-
                                   στίες

Τὸ V v προφέρεται ὡς «β» : Venus (βίνους) = Ἀφρο-
                                   δίτη

Τὸ W w πρυφέρεται 1) ὡς «γοὺ» : πρὸ φωνήεντος ;
                             Want (γουὸντ) θέλω
                 2) Εἶναι ἄφωνον πρὸ τοῦ r : Write
                               (ράϊτ) γράφω
                 3) Εἶναι ἄφωνον εἰς τὰς λέξεις :
                     answer (ἄνσερ) = ἀπαντῶ two
                             (τοὺ)=δύο, κ λ π.

Τὸ Wh προφέρεται   ὡς «χ» : who (χοὺ) = ποῖος

Τὸ X x   »   » «ξ» : excellent (ἔξελεντ) ὑπέ-
                                   ροχος

Τὸ Z z   »   » «ζ» : lazy (λέϊζυ) τεμπέλης

Β΄ ΤΑ ΦΩΝΗΕΝΤΑ

Γενικὸς κανών: Φωνῆεν ἀκολου-
θούμενον ἀπὸ ἕνα σύμφωνον καὶ
e τελικὸν ἄφωνον ἔχει τὴν προφο-
ρὰ τοῦ ἀλφαβήτου, ὡς κατωτέρω :

Τὸ A προφέρεται ὡς «έϊ» : babe (μπέημπ)=μωρὸ
Τὸ E   »   »   «ι» : eve (ἠβ) = παραμονή
Τὸ I   »   »   «άη» : ice (ἄης) = πάγος
Τὸ O   »   »   «δου» : dome (ντόουμ) = τροῦλλος
Τὸ U   »   »   «ιοὺ» : duke (ντιούκ) = δοὺξ
Τὸ Y   »   »   « άϊ » : fly (φλάϊ)=μυΐγα

ΑΛΛΑΙ ΠΕΡΙΠΤΩΣΕΙΣ

Τὸ a προφέρεται ὡς «α» ὅταν ἀκολουθῆται ἀπὸ 1 ἤ 2
τελικὰ σύμφωνα : black (μπλάκ)
μαῦρο

Τὸ a προφέρεται ὡς « ο » ὅταν προηγῆται ἤ ἀκολουθῆ τὸ
w ἤ   τὰ «ll» : law   (λὸ)
= Νόμος, was (γουὸς) = ἤμην,
call (κὸλ) = καλῶ

Τὸ e προφέρεται ὡς « ε » ὅταν ἀκολουθοῦν 1 ἤ 2 σύμφωνα
μὲ τὰ ὁποῖα λήγει ἡ λέξις
bed (μπέντ) = κρεββάτι,   bell
(μπέλ) — καμπάνα

Τὸ i προφέρεται ὡς « ι » ὅταν ἀκαλουθοῦν 1 ἤ 2 σύμ-
φωνα τελικά : fish (φίσ) : ψάρι
ship (σὶπ) : πλοῖο

Τὸ i προφέρεται ὡς « ε » ὅταν ἀκολουθῆται ἀπὸ «r»: bird
(μπέρντ) — πουλί

Το o προφέρεται ὡς « ου » ὅταν ἀκολουθῆται ἀπὸ δεύτερο
« ο » book (μποὺκ) = βιβλίο

Τὸ u προφέρεται ὡς «ου» ὅταν ἀκολουθῆται ἀπὸ 1 ἢ 2
τελικὰ σύμφωνα : bull (μποὺλ)
ταῦρος

Τὸ u προφέρεται ὡς « ε » εἰς τὰς λέξεις burn (μπέρν)
καίω κ. λ. π. ἢ ὡς « α » εἰς τὰς λέξεις:
dust (ντάστ) σκόνη κ. λ. π.

ΑΙ ΔΙΦΘΟΓΓΟΙ

Α i, — ay προφέρονται ὡς «έη» fail (φέηλ) ἀποτυγχάνω,
day (ντέη) ἡμέρα

Au, aw = προφέρονται ὡς «ο» cause (κὸζ) αἰτία,
straw (στρὸ) ἄχυρο

ea, ee, ei, eo προφέρονται ὡς «ι» beast (μπήστ) κτῆνος,
see (σήη) βλέπω, people (πήπλ) λαὸς

ie προφέρεται ὡς « ι » priest (πρήστ) ἱερεὺς

oa προφέρεται ὡς « ο ου » π. χ. : boat (μπόουτ)
=βάρκα

oi, oy προφέρεται ὡς « όϊ » noise (νόηζ) = θόρυβος,
toy (τόη) = παιχνίδι

ou προφέρεται ὡς « άου » : cloud (κλάουντ) = σύννεφο

TRAVEL

By train

Where is a Tourist Office?

Please, where is the Railway Station to .. ?

Please, where is the booking office?

Please give me a ticket (return ticket) to ..

How much does the Tourist class cost, by the fastest train, or by an ordinary train?

Please, let it be a return ticket.

Till when is the return ticket valid?

What time does the (next) train leave?

I have some luggage

Two cases, a parcel and a trunk. Must I pay for these, too?

TAXIDI

a) Me treno

Pu ipárchi Grafíon Turismú ?

Pu evrískete parakaló o sidirodromikòs stathmòs già tò . . .

Pu evrískete parakaló tò grafíon issitiríon ?

Sas parakalò dóste mu éna issitírion (me epistrofì) dià...

Pósso kostisi i turistikì théssis me to pió grígoro tréno, i me to apló tréno ?

Parakalò as íne metepistrofis.

Méchri póte íschíi i epistrofì parakaló?

Ti óra févgi tò (epómeno) tréno ?

'Echo aposkevés

Dío valízes, éna déma ke éna kivótio. Prépi na pliróso ke diaftá ?

ΤΑΞΕΙΔΙ	ΤΡΑΒΕΛ
α) Μὲ τραῖνο	**α) Μπάι τρέιν.**
Ποῦ ὑπάρχει Γραφεῖον Τουρισμοῦ ;	Γουέαρ ίζ α τούριστ ὄφις;
Ποῦ εὑρίσκεται παρακαλῶ ὁ Σιδηροδρομικὸς Σταθμὸς γιὰ τὸ	Πλήηζ, γουέαρ ίζ δὲ ρειλγουέη στέισν τοῦ....
Ποῦ εὑρίσκεται παρακαλῶ τὸ Γραφεῖο εἰσιτηρίων;	Γουέαρ ιζ δὲ μπούκινκ ὄφις, πλήηζ ;
Σᾶς παρακαλῶ δῶστε μου ἕνα εἰσιτήριο (μὲ ἐπιστροφὴ) γιὰ τὴν ...	Γουὶλ γιοὺ πλήηζ γκὶβ μι ἐ τίκιτ (ρητὲρν τίκιτ) τοῦ...
Πόσο κοστίζει ἡ Τουριστικὴ θέσις μὲ τὸ πιὸ γρήγορο τραῖνο, ἢ μὲ τὸ ἁπλὸ τραῖνο;	Χάου μὰτσ ντὰζ δὲ τούριστ κλὰς κοστ μπάι δὲ φάστεστ τρέιν ο μπὰη δὴ ὄρντιναρι τρέιν
Παρακαλῶ, ἂς εἶναι μετ' ἐπιστροφῆς.	Λὲτ ιτ μπὴ α ρητὲρν τίκιτ, πλήηζ
Μέχρι πότε ἰσχύει ἡ ἐπιστροφή, παρακαλῶ;	Τὶλ γουὲν ὶζ δε ρητὲρν τικὶτ βάλιντ, πλήηζ
Τὶ ὥρα φεύγει τὸ (ἐπόμενο) τραῖνο;	Γουὸτ τάιμ ντὰζ δε (νέξτ) τρέιν λήηβ ;
Ἔχω ἀποσκευές	Ἄι χὰβ σὰμ λάγκιντζ
Δύο βαλίτσες, ἕνα δέμα καὶ ἕνα κιβώτιον. Πρέπει νὰ πληρώσω καὶ δι' αὐτά;	Τοῦ κέισιζ ἐ πάρσελ εντ α τρὰνκ. Μὰστ ἄι πὲη φορ δήηζ του ;

12

Where shall I leave my luggage?

Pu tha paradósso tìs aposkevés mu?

Has the train left yet?

Mípos éfige to tréno?

Please, how many hours does the train take to?

Parakalò pósses óres káni to tréno dià tin . . . ?

Is it late?

Mipos échi cathistérissi?

Where is the Entrance? The Exit?

Pu evrískete i íssodos? i éxodos?

The toilet, please?

To apochoritition?

Where shall we collect the luggage from?

Apò pu tha párume tis aposkevés?

Which is the platform, please?

Apò pià gramí févgi to tréno?

Which is my carriage, please?

Parakalò piò íne to vagóni mu?

Which is my seat?

Pià íne i théssis mu?

How long shall we stay?

Pósa leptà tha mínume?

We have arrived at the frontiers.

Fthássame sta sínora.

I should like to get a taxi.

Tha íthela éna taxí.

Where can I find a restaurant, a hotel?

Pu mborò na vro éna estiatório, éna xenodochío?

b) By ship

Me plío

Please, when does the next ship leave for Myconos?

Parakalò póte févgi to epómeno plío dià tín Míkono?

Ποῦ θὰ παραδώσω τὶς ἀ-
ποσκευές μου ;

Μήπως ἔφυγε τὸ τραῖνο ;

Παρακαλῶ, πόσες ὧρες κά-
νει τὸ τραῖνο γιὰ τήν..

Μήπως ἔχει καθυστέρησι ;

Ποῦ εὑρίσκεται ἡ εἴσοδος,
ἡ ἔξοδος ;

Τὸ ἀποχωρητήριον, παρα-
καλῶ ,

᾽Απὸ ποῦ θὰ πάρωμε τὶς
ἀποσκευές ;

᾽Απὸ ποιὰ γραμμὴ φεύγει
τὸ τραῖνο ;

Παρακαλῶ, ποιὸ εἶναι τὸ
βαγόνι μου ;

Ποιὰ εἶναι ἡ θέσις μου ;

Πόσα λεπτὰ θὰ μείνουμε ;

Φθάσαμε στὰ σύνορα.

Θὰ ἤθελα ἕνα ταξί.

Ποῦ μπορῶ νὰ βρῶ ἕνα ἑ
στιατόριο, ἕνα ξενοδο-
χεῖο ;

β) Μὲ πλοῖο

Παρακαλῶ, πότε φεύγει τὸ
ἑπόμενο πλοῖο γιὰ τὴ
Μύκονο ;

Γουέαρ σαλ ἄι λήηβ μάι
λάγκιντζ

Χαζ δε τρέιν λὲφτ γέτ ;

Πλήηζ, χάου μένη άουας
ντὰζ δὲ τρέιν τέικ του...
ἰζ δὲ τρέιν λέιτ;

Γουέαρ ἰζ δὴ ἔντρανς; δὴ
ἔγκζιτ ;

Δὲ τόϊλετ, πλήηζ ;

Γουέαρ σὰλ γουὶ κολὲκτ
δὲ λάγκιντζ φρὲμ

Γουὶτσ ἰζ δὲ πλάτφορμ,
πλήηζ ;

Γουὶτσ ἰζ μάϊ κάρηηντζ,
πλήηζ ;

Γουὶτσ ἰζ μάϊ σήητ ;

Χάου λὸνγκ σαλ γουὴ
στέη ;

Γουὴ χὰβ ἀράιβντ ἀτ δὲ
φράντιαζ

Ἄι σουντ λάικ τοῦ γκὲτ
ἐ τάξι ;

Γουέαρ κὰν ἄι φάιντ ἐ
ρέστωραντ, ἐ χοουτέλ ;

β) Μπάι σὶπ

Γουὲν ντὰζ δὲ νέξτ σιπ
λήηβ φόο μίκονος, πλήηζ;

What is the exact time of its departure?	Pía i akrivís óra tu apóplu tu ?
In how many days exactly will it arrive?	Se pósses méres akrivos tha fthássi ?
How much does the Tourist class cost? The first class? The second class?	Pósso kostizi i turistiki théssis? i próti théssis? i theftéra théssis?
Can we transport our car with us, too?	Mborúme na metaférume mazí ke to aftokínito mas?
What day and hour does the Ferry - boat leave?	Pià méra ke pía óra févgi to Férymbot?
How much does the ticket for the car cost?	Pósso kostízi to issitírio già to aftokínito?
Does this ticket include the driver or not?	To issitírio aftò íne me tòn odigò i chorís aftón?
Do children up to . . . years old pay? Above. . years old up to . . . years old do they pay half?	Pedià méchri . . etòn . . dén plirónun? Ano tón... etòn méchri . . . etòn plirónun to ímissi?
Can you tell me the (exact) time of arrivals and departures of ships between . . ?	Mboríte na mu píte to akrivés dromológion anachorísseos ke epistrofís ton plíon metaxí . .
How many ports it will reach?	Póssa limánia tha piássi?

Ποία ἡ ἀκριβὴς ὥρα τοῦ
ἀπόπλου του ;
Σὲ πόσες ὥρες ἀκριβῶς
θὰ φθάση ;
Πόσο κοστίζει ἡ τουριστι-
κὴ θέση ; (Α΄ Θέση,
Β΄ Θέση)

Μποροῦμε νὰ μεταφέρωμε
μαζὶ καὶ τὸ αὐτοκίνητό
μας;

Ποιὰ μέρα καὶ ποιὰ ὥρα
φεύγει τὸ Φέρρυ-μπὼτ
Πόσο κοστίζει τὸ εἰσιτήριο
γιὰ τὸ αὐτοκίνητο;
Τὸ εἰσιτήριο αὐτὸ εἶναι μὲ
τὸν ὁδηγὸ ἢ χωρὶς αὐτόν;

Παιδιὰ μέχρι . . . . . ἐτῶν
πληρώνουν; Ἄνω τῶν...
ἐτῶν μέχρι . . . . ἐτῶν
πληρώνουν τὸ ἥμισυ;

Μπορεῖτε νὰ μοῦ πῆτε τὸ
ἀκριβὲς δρομολόγιον ἀ-
ναχωρήσεως καὶ ἐπι-
στροφῆς τῶν πλοίων με-
ταξύ . . . .
Πόσα λιμάνια θὰ πιάση;

Γουὸτ ἴζ δὴ ιγκζάκτ τάιμ
οβ ἴτς ντιπάρτσα?;
Ιν ΄ου μένη άουαζ ιγκζά-
κιλι γουὴλ ιτ αράιβ;
Χάου μάτς νταζ δὲ τούριστ
κλὰς κόστ?; (δὲ φέστ
κλας, δε σέκοντ κλὰς)

Κὰν γουὴ τρανσπὸρτ
άουα κὰρ γουιδ ἀς
τοῦ ;

Γουὸτ ντέι ἐντ άουα νταζ
δὲ φέρρυ μπόουτ λήηβ;
Χάου μάτς νταζ δὲ τίκιτ
φορ δὲ κὰρ κοστ ;
Ντὰζ δις τίκιτ ινκλούντ.
δὲ ντράϊβερ ο νότ;

Ντοῦ τσίλντρεν ἀπ τοῦ ..
γίαζ όουλντ πέη; ἐμπὰβ
. . . . γίαζ όουλντ ἀπ
τοῦ . . . . γίαζ όουλντ
ντοῦ . . δέη πέη χαφ ;

Κάν γιοῦ τελ μη δὴ (ιγκ-
ζάκτ) ταιμ ὸβ ἀράιβαλζ
ἐντ ντιπάρτσαζ, οβ **σίπς**
μπιτουήν...;

Χάου μένη πὸρτς γουὴλ
ἰτ ρήητσ;

Is it a small or a big ship?	Ine mikrò i megálo plío?
Has it a cinema, a swimmingpool, music ?	Echi kinimatógrafo, pissína, mussikí?
Steward, I am sea-sick.	Kamaróte écho naftía.

c) By plane

c) Mé aeropláno

No Smoking (or please do not smoke).	Apagorévete to kápnisma
Please, where is the office of the Olympic Airways?	Parakalò pu íne ta grafía tis Olympiakís Aeroporías?
How often is there a plane to . . . ?	Káthe póte échi aeropláno giá . . . ?
What time exactly does the bus leave for the Airport?	Tí óra akrivòs anachorí to aftokínito (leoforío) già to aerodrómion?
What time (exaclty) does the plane leave?	Tí óra akrivòs anachorí tò aeropláno?
How long does it take to . . .	Póssi óra káni già tin. .?
I have some luggage, too.	écho ke líges aposkevés.
Do we land anywhere else besides our destination?	Mípos tha prosgiothúme puthenà alù ektòs tu proorismù mass?
Airhostess, Pilot, Flight, Airport, Clouds.	Aerossinodós, pilótos, ptíssis, aerodrómion, sínefa.

Εἶναι μικρὸ ἢ μεγάλο πλοῖο ;
Ἔχει κινηματογράφο, πισίνα, μουσική ;
Καμαρῶτε ἔχω ναυτία.

ιζ ιτ α σμὸλ ορ ε μπίγκ σίπ;
Χὰζ ιτ α σίνεμα, α σουίμιν πούλ, μιοὔζικ;
Στιοὐαντ ἄι ἄμ σήη σικ.

γ) Μὲ ἀεροπλάνο

Ἀπαγορεύεται τὸ κάπνισμα.
Παρακαλῶ, ποῦ εἶναι τὰ Γραφεῖα τῆς Ὀλυμπιακῆς Ἀεροπορίας ;
Κάθε πότε ἔχει ἀεροπλάνο γιά . . .
Τί ὥρα ἀκριβῶς ἀναχωρεῖ τὸ αὐτοκίνητο (λεωφορεῖο) γιὰ τὸ ἀεροδρόμιο;
Τί ὥρα ἀκριβῶς ἀναχωρεῖ τὸ ἀεροπλάνο ;
Πόσην ὥρα κάνει γιὰ τὴν . . .

Ἔχω καὶ λίγες ἀποσκευές.
Μήπως θὰ προσγειωθοῦμε καὶ πουθενὰ ἀλλοῦ ἐκτὸς τοῦ προορισμοῦ μας ;
Ἀεροσυνοδός, Πιλότος, Πτῆσις, Ἀεροδρόμιον, Σύννεφα.

γ) Μπάη πλέην

νόου σμόουκιν (ἢ πλήηζ ντοῦ νὸτ σμόουκ).
Γουέαρ ιζ δὴ ὄφις οβ δὴ Ολύμπιχ ἐαγουέηζ, πληηζ;
Χάου ὄφεν ιζ δέαρ ε πλέην τοῦ . . . ;
Γουὸτ τάιμ (ἐγκζάκτλη) ντὰζ δὲ μπὰς λήηβ φὸ δὴ ἐαπόοτ.
Γουὸτ τάιμ νταζ δὲ πλέην λήηβ
Χάου λόνγκ νταζ ιτ τέικ τοῦ ...
Ἄι χάβ ι ιμ λάγκιντζ τοῦ.
Ντοῦ γουή λαντ ἐνυγουὲαρ ἔλς μπισαὶντζ ἄουα ντεστινέισν;
Εαχδουστες, πάιλοτ, φλάητ ἔαπόοτ, κλάουντζ.

Please, at what altitude do we fly?

Parakalò sè tí ípsos petáme?

At six thousand feet.

Se éxi hiliádes pódia.

What you see over there is Syros

Aftò pu vlépete ekí káto íne i Síros.

Please, Miss, will you give me some cotton wool for my ear?

Parakalò despinís mu dídete lígo vamváci già to aftí mu?

d) By car·by bus

Me aftokinito, mé leoforio

I should like to travel by bus to . . .

Tha íthela na taxidévso me leoforio già . . .

Please, where is the bus-station.

Parakalò pu íno to sta-thmarchío?

Please, when does the bus leave for . . ?

Sas parakalò póte févgi to leoforío già . . .

How long does it take to reach there?

Se póssi óra ftháni?

I should like to have a front seat because I get car-sick.

Tha íthela mía théssi embròs dióti me pirázi to leoforío.

I would like to go to . . .
Does the bus go through?

Tha íthela na páo stin . .
Mípos pernái to leoforío méssa apò tin póli?

How much does the ticket cost? A return ticket?

Pósso kostizi to issitírio metepistrofís?

In how many days can I return?

Se pósses méres mboró na epistrépso?

Παρακαλῶ, σὲ τὶ ὕψος πε-
τᾶμε;
Σὲ 6.000 πόδια.
Αὐτὸ ποὺ βλέπετε ἐκεῖ
κάτω εἶναι ἡ ΣΥΡΟΣ
Παρακαλῶ, δεσποινίς, μοῦ
δίνετε λίγο βαμβάκι γιὰ
τὸ αὐτί μου;

δ) Μέ αὐτοκίνητο
Λεωφορεῖο

Θὰ ἤθελα νὰ ταξιδέψω μὲ
λεωφορεῖο γιὰ...
Παρακαλῶ, ποῦ εἶναι τὸ
Σταθμαρχεῖο;
Σᾶς παρακαλῶ, πότε φεύ-
γει τὸ λεωφορεῖο γιὰ...
Σὲ πόση ὥρα φθάνει;

Θὰ ἤθελα μία θέσι ἐμπρὸς
διότι μὲ πειράζει τὸ λε-
ωφορεῖο.
Θὰ ἤθελα νὰ πάω στὴν...
Μήπως περνάει τὸ λεω-
φορεῖο μέσα ἀπ᾽ τὴ πόλι;
Πόσο κοστίζει τὸ εἰσιτή-
ριο; Μεῖ᾽ ἐπιστροφῆς;
Σὲ πόσες μέρες μπορῶ νὰ
ἐπιστρέψω;

ατ γουντ άλτιτιουντ ντου
γουὴ φλόη,
άτ σιξ θάουζεντ φήητ
Γουντ γιοῦ σηη όουβαδέα
ιξ σίρος.
Πλήηζ, μις, γουὶλ γιοῦ
γκὶβ μη σαμ κότον γοὺλ
φὸ μάη ήα;

δ) Μπάη κάρ-
μπάη μπὰς

᾿Άη σουντ λάικ τοὺ τρά-
βελ μπάη μπὰς τού....
Γουέαρ ίζ δε μπὰς στέισν
πλήηλ,
Πλήηζ γουὲν ντὰζ δὲ μπὰς
λήηβ φο....;
Χάου λόνγκ ντὰζ ιτ τέικ
τοὺ ρηητσ δέα;

᾿Άη σουντ λάικ α φράντ
σήητ άη γκὲτ κάασιχ.

᾿Άη γουντ λάικ τοὺ γκόου
τοὺ ...ντὰζ δὲ μπὰς γκό
ου θρού;
Χάου μὰτσ ντὰζ δὲ τιχίτ
κὸστ? ὲ ρητέεν τίχιτ?;
Ιν χαου μένη ντέηζ κὰν
άη ρητέεν;

Is the road rough?	Mípos o drómos íne anó. malos ?
How long does the ride last?	Póssi óra íne i diadromi?

Car—(Damage) · Aftokinito (vlave)

We come from... and go to...but we have lost our way.	Erchómetha apò tin ... ke pigénume stin ... allà échume hássi ton drómo.
Can we pass the night in the next village?	Mípos mborúme na dianykteréfsume stò epómeno horió?
We have had some damage.	Éhume páthi vlávi.
We have a puncture.Have you a vulcanizer here?	Hálassan ta lástichá mas Échete edò vulkanizatér?
Where is a Petrol station? (Oils).	Pu ipárchi pratírion venzínis? (ládia).
The starter is out of order.	Hálasse i mísa tu aftokinítou mu.
The battery is empty.	Dèn liturgí i bataría.
I have no spare tyre.	Dèn écho resérva lásticho.
I don't know why my car does not go.	Dèn xévro giatí dèn ergázete to aftokínito.

Μήπως ὁ δρόμος εἶναι ἀνώμαλος;

Πόση ὥρα εἶναι ἡ διαδρομή;

Αὐτοκίνητον
(βλάβαι)

Ἐρχόμεθα ἀπὸ τὴν .... καὶ πηγαίνομε στὴν ..... ἀλλὰ ἔχομε χάσει τὸ δρόμο μας.

Μήπως μποροῦμε νὰ διανυκτερεύσωμε στὸ ἑπόμενο χωριό;

Ἔχομε πάθει βλάβη.

Χάλασαν τὰ λάστιχά μας. Ἔχετε ἐδῶ βουλκανιζατέρ;

Ποῦ ὑπάρχει πρατήριον βενζίνης; (Λάδια).

Χάλασε ἡ μίζα τοῦ αὐτοκινήτου.

Δὲν λειτουργεῖ ἡ μπαταρία.

Δὲν ἔχω ρεζέρβα, λάστιχο. Δὲν ξέρω γιατὶ δὲν ἐργάζεζεται τὸ αὐτοκίνητο.

Ἴζ δὲ ρόουντ ράφ;

Χάου λόνγκ νταζ δέ ράιντ λάστ;

Κάα (Ντάμιντζ)

Γουὴ κὰμ φρὸμ.... ἐντ γκόου τοὺ... μπὰτ γουὴ χὰβ λὸστ ἄουα γουέη.

Κὰν γουὴ πὰς δὲ νάιτ ἲν δε νέξτ βίλιντζ;

Γουὴ χαβ χάντ σὰμ ντάμιντζ
Γουὴ χάβ ἒ πάνκτσα χὰβ γου ἒ βαλκανάιζε χήα;

Γουεὰρ ίζ α πέτρολ στέισν; (όιλζ)

Δε στάρτερ ιζ ἄουτ ὀβ ὄρντερ.

Δὲ μπάτερυ ιζ ἔμτυ

Ἄη χὰβ νόου σπέα τάια.
Ἄη ντου νὸτ νόου γουάη μάη κάα νταζ νὸτ γκόου.

The brakes are out of order	Hálassan ta fréna.
I need sparking plugs and contact breakers.	Thélo mbusí ke platínes.
A piece of rubbish got into the carburator.	Mbike skupidáki sto karbiratér.
I want a strap for the dynamo.	Thélo lurí già to dynamó.
It needs washing and greasing.	Théli plíssimo, grassárisma.
I need new tyres.	Thélo kenúrgia lásticha.
The small stop lamp is out of order.	Hálasse to lambáki apò to stop.
I want to have a general repair of the motor.	Thélo na kámo genikí episkeví tis michanis.
The small oil light shines.	Anávi to lampáki tu ladiú.
The red light of the battery shines.	Anávi to kókkino lampáki tis batarías.
The electric system does not function well.	To ilektrikò sístima den liturgí kalá.
The Radio has interruptions.	To radiófono échi diakopés.
The Heater does not work.	To kalorifér den ergá zete.

Car · Taxi   Aftokiniton - Taxi

A taxi, please.	éna taxí parakaló.
To street ... please.	Stin odò . . . parakaló.
I want a First, (Second, Third) class Hotel.	Tha íthela éna xenodochio prótis, (deftéras, trítis) táxeos.

Χάλασαν τὰ φρένα.

Θέλω μπουζὶ καὶ πλατίνες.

Μπῆκε σκουπιδάκι στὸ καρμπυρατὲρ

Θέλω λουρὶ γιὰ τὸ δυναμὸ.

Θέλει πλύσιμο, γρασάρισμα.

Θέλω καινούργια λάστιχα.

Χάλασε τὸ λαμπάκι ἀπὸ τὸ Στόπ.

Θέλω νὰ κάνω γενικὴ ἐπισκευὴ τῆς μηχανῆς.

Ἀνάβει τὸ λαμπάκι τοῦ λαδιοῦ.

Ἀνάβει τὸ κόκκινο λαμπάκι τῆς μπαταρίας

Τὸ ἠλεκτρικὸ σύστημα δὲν λειτουργεῖ καλά.

Τὸ ραδιόφωνο ἔχει διακοπές.

Τὸ καλοριφὲρ δὲν ἐργάζεται.

Αὐτοκίνητον - Ταξὶ

Ἕνα ταξί, παρακαλῶ.

Στὴν ὁδό..... παρακαλῶ.

Θὰ ἤθελα ἕνα Ξενοδοχεῖο Πρώτης, (Δευτέρας, Τρίτης) τάξεως.

Δε μπρέικς άαρ αουτ οβ- όρντερ

Ἄν νήηντ σπάρκιν-πλάγκς εντ κόντακτ μπρέηκαζ.

Ἐ πῆσ οβ ράμπις γκὸτ ίντου δὲ καρμπιουρέττα

Ἄη γουὸντ ε στρὰπ φο δὲ ντάϊναμο

Ἰτ νήηντς γουόσιν ἐντ γκρήησινκ.

Ἄη νήηντ νιοῦ τάιαζ

Δὲ σμὸλ στὸπ - λάμπ ιζ άουτ όβ ὁρντερ

Ἄη γουὸντ τοῦ χὰβ ε ντζενεραλ ρηπέα οβ δὲ μόουτορ.

Δὲ σμὸλ όηλ λάητ σάηνζ.

Δὲ ρὲντ λάητ οβ δὲ μπάτερυ σαηνζ.

Δὴ ηλέκτρικ σύστεμ ντὰζ νὸτ φάνκσν γουὲλ.

Δὲ ρέιντιοου χὰζ ιντερὰ πσνζ.

Δὲ χήητα ντὰζ νὸτ γουὲρκ.

Κάαρ - τάξι

Ἔ τάξι, πλήης

Τοῦ.... στρήητ, πλήης

Ἄη γουὸντ ε φέεστ, (σέκοντ, θέρντ) κλὰς χοουτὲλ

I have luggage . . . pieces
in all.

I want a cheap Pension for
10 days.

How much shall I pay
you?

Do you know a Greek
Hotel, a Greek Restau-
tant?

Are you free?

Stop here.

Wait for me. I shall come
back

Do you know a good
night club? With a va-
riety show?

Not very expensive.

écho aposkevés. Sínolon
temáchia. . .

Thélo mià fthiní pansiòn
già déka méres.

Póso tha sas plirósso?

Mípos gnorízete èna el-
linikò xenodochío, éna
ellinikò estiatório?

ísthe eléftheros?

Edò stathíte.

Periméneté me. Tha epi-
strépso.

Mípos gnorízete éna kalò
nykterinò kéntro me
númera?

óchi polí akrivó.

Hotel = Pension

Please, have you a Room,
with one, (two, three)
beds for . . days?

How much does it cost
per day? How much
does it cost per month?

Is there a cheaper one?

Is there a bath, too?

Is it with breakfast? Or
full board.

Xenodohion Pansion

Parakalò échete éna do-
mátio me éna, (dío,tría)
krevátia già . . méres?

Pósso stichízi tin iméra?
Pósso stichízi me ton
mína?

Mípos ipárchi ftinótero?

échi ke mbánio?

íne mazí me to proinó?
i me óla ta fagitá?

Ἔχω ἀποσκευές. Σύνολον
. . . τεμάχια.
Θέλω μία φθηνή Πανσιὸν
γιὰ 10 μέρες.
Πὸσο θὰ σᾶς πληρώσω;

Μήπως γνωρίζετε ἕνα Ἑλ-
ληνικὸ Ξενοδοχεῖο,
ἕνα Ἑλληνικὸ Ἑστιατό-
ριο;
Εἶσθε ἐλεύθερος;
Ἐδῶ σταθῆτε.
Περιμένετέ με. Θὰ ἐπιτρέ-
ψω.
Μήπως γνωρίζετε ἕνα καλὸ
νυκτερινὸ κέντρο ; Μὲ
νούμερα.
Ὄχι πολὺ ἀκριβό.

Ξενοδοχεῖον · Πανσιὸν
Παρακαλῶ, ἔχετε ἕνα δω-
μάτιο μὲ ἕνα, (δύο τρία)
κρεββάτια γιὰ . . μέρες;
Πόσο στοιχίζει τὴν ἡμέρα;
Πόσο στοιχίζει μὲ τὸν
μῆνα;
Μήπως ὑπάρχει φθηνότε-
τερο;
Ἔχει καὶ μπάνιο;
Εἶναι μαζὶ μὲ τὸ πρωϊνό ;
Ἤ μὲ ὅλα τὰ φαγητά ;

Ἄη χὰβ λάγκιτζ....πήησιζ
ἰν ὀλ.
Ἄη γουὰντ ε τσήηπ πὲνσν
φο τέν ντέηζ
Χάου μάτσ σὰλ ἅη πὲη
γιου;
Ντοὺ γιοὺ νόου ἕ γκρήηκ
χοουτέλ, ἕ γκρήηκ ρε-
στωραντ;

ἅα γιοὺ φρήη;
Στὸπ χήαρ
Γουὲητ φο μή. Ἄη σὰλ
κάμ μπάκ.
Ντοὺ γιοῦ νόου α γκούντ
νάητ κλάμπ γουὴδ ἕ βα-
ράιετυ σόου
νοτ βέρυ ἰξπένσιβ

Χοουτὲλ – πένσν
Πλήηζ, χὰβ γιου ἕ ροῦμ
γουὴδ γουὰν (τού, θρήη)
μπέντ(ζ)
Χάου ματσ ντὰζ ιτ κόστ
περ ντέη; χάου ματσ
νταζ ιτ κὸστ περ μάνθ;
Ιζ δέα ἕ τσήηπερ γουάν;

Ιζ δέα ἕ μπαθ, τού;
Ιζ ιτ γουὴδ μπρέκφαστ;
ο φοὺλ μπόοντ;

I would like absolute quietness.

Tha íthela megáli issichía,

Will you wake me up at.. in the morning please?

Na me xipníssete to proí stis . . .

What is your profession?

Tí epágelma échete?

I am a merchant, (student, tourist) I have come on business.

íme émporos, (spudastís, turístas) írtha già ergasía.

Please, fetch me my luggage, too:

Parakalò férte mu ke tis aposkevés mu.

Bedroom, Drawing-room Bed, Floor.

Krevatokámara, Salóni, Kreváti, Pátoma.

There is no water.

To nerò den tréchi.

The heater is not on

Den ergázete to kalorifér

The water is cold.

To nerò íne krío.

I have . . . children, too.

écho ke . . , pediá.

Good morning (to you).

Kaliméra sas.

Good evening.

Kalispéra sas.

Good night.

Kaliníchta sas.

Good bye.

chérete.

I want two pillows, please.

Thélo dío maxilária, parakaló.

The sheets have got dirty.

Ta sendónia leróthikan.

Bring me a glass of water, please.

Férte mu éna potíri neró, parakaló

Wardrobe, table, mirror (glass), socket, bed, wash-stand, bed sheet, mattress, soap, brush,

Dulápa, trapési, kathréptis, prísa, krevati, niptíras, sendóni, stróma, sapúni, vúrtsa, kténa,

Θὰ ἤθελα μεγάλη ἡσυχία.

Νὰ μὲ ξυπνήσετε τὸ πρωὶ
στὶς...παρακαλῶ
Τὶ ἐπάγγελμα ἔχετε;
Εἶμαι ἔμπορος, (σπουδα-
στής, τουρίστας), ἦρθα
γιὰ ἐργασία.
Παρακαλῶ, φέρτε μου καὶ
τὶς ἀποσκευές μου.
Κρεββατοκάμαρα, Σαλόνι,
Κρεββάτι, πάτωμα.
Τὸ νερὸ δὲν τρέχει.
Δὲν ἐργάζεται τὸ καλορι-
φὲρ.
Τὸ νερὸ εἶναι κρύο.
Ἔχω καὶ.... παιδιά.
Καλημέρα σας.
Καλησπέρα σας.
Καληνύχτα σας.
Χαίρετε.
Θέλω δύο μαξιλάρια, πα-
ρακαλῶ.
Τὰ συνδόνια λερώθηκαν.
Φέρτε μου ἕνα ποτήρι νερὸ
παρακαλῶ.
Ντουλάπα, τραπέζι, καθρέ-
φτης, πρίζα, κρεββάτι, νι-
πτήρας, συνδόνι, στρῶ-
μα, σαπούνι, βούρτσα,
κτένα, κανάτα ποτήρι, ὑ-

Ἄη γοῦντ λάϊκ ἀμπσο-
λιοὺτ κοάιεινες.
Γουὴλ γιοῦ γουὲηκ μη ἀπ
ατ...ιν δὲ μόονινκ, πλήῆζ;
Γοὺοτ ἱζ γιδο προφὲσν
Ἄη ἀμ ἐ μερτσαντ (στι-
οὖντεντ, τούριστ), ἆη
χὰβ κὰμ ὸν μπίζνες.
Πλήῆζ, φέτσ μη μάη λάγ-
κιτζ, τοῦ
Μπέντρουμ, ντρώην ρούμ,
μπέντ, φλόο.
Δερὶζ νόου γουότα
Δὲ χήητα ιζ νὸτ ὸν

Δὲ γουόταρ ιζ κόουλντ
Ἄη χάβ.... τσίλντρεν τοῦ
Γκοὺντ μοὸνινκ (τοῦ γιοῦ)
Γκοὺντ ἤβνινκ.
Γκοὺντ νάιτ
Γκοὺντ μπάη
Ἄη γοὺντ τοῦ πίλοουζ,
πλήῆζ.
Δὲ σήητς χὰβ γκὸτ ντέετι
Μπρίνκ μη ἐ γκλὰς ὀβ
γουότα, πλήῆζ,
Γουόντρόουμπ, τέημπλ,
μίρα (γκλὰς), σόκιτ, σήητ
μάτρες, σόουπ, μπρὰσ
κόουμ, ντζάγκ, γκλὰς,

comb, jug, glass, service, porter, water - closet (W. C.).

kanáta, potíri, ipiressía, thiroró, apochoritírion.

Custom House	Telonion

Custom-house chief officer, Custon - house officer.

O Telónis, Ipálilos teloníu.

Tourism Officer.

Ipálilos turismú.

Bank employee.

Ipálilos Trapézis.

Policeman.

Astinomikós.

Do you want me to open my luggage?

Thélete na aníxo tis aposkevés mu?

I have no taxable articles, except for . . .

Den écho forologissima idi ektòs apó . . .

These are (not) mine.

Aftà (den) íne dikà mu.

The Money I have is 150 Dollars, 200 Marks and 100 Drachmas.

Hrímata écho ekatonpenínta Dolária, diakósia márka, ke ekatò drachmés.

I don't know how to write Greek. I know only English.

Den xévro na gráfo elinikà. Xéro mónon aglikà.

Please, hurry up because I am in a hurry.

Parakalò kánte lígo grígora dióti viázome.

What is the tax for this article?

Póssi íne i forología di aftò to ídos?

I have some articles, to declare.

Écho na dilósso merikà prágmata.

πηρεσία, θυρωρός, ἀ-
ποχωρητήριο.

Τελωνεῖον

Ὁ τελώνης, ὑπάλληλος
τελωνείου.

Ὑπάλληλος Τουρισμοῦ.
Ὑπάλληλος Τραπέζης.
Ἀστυνομικός.
Θέλετε νὰ ἀνοίξω τὶς ἀπο-
σκευές μου;
Δὲν ἔχω φορολογήσιμα
εἴδη ἐκτὸς ἀπὸ...
Αὐτὰ δὲν εἶναι δικά μου.
Χρήματα ἔχω: 150 Δολ-
λάρια, 200 Μάρκα καὶ
100 δραχμές.

Δὲν ξέρω νὰ γράφω Ἑλ-
ληνικά. Ξέρω μόνον
Ἀγγλικά.
Παρακαλῶ, κάνετε λίγο
γρήγορα διότι βιάζομαι.
Πόση εἶναι ἡ φορολογία
γι᾿ αὐτὸ τὸ εἶδος;

Ἔχω νὰ δηλώσω μερικὰ
πράγματα.

σέβις, πόστα, τόιλετ.

Κάστομ - Χάους

Κάστομ·χάους τσῆηφ ὄφι-
σα, Κάστομ χάους ὄφι-
σα.
Τούριζμ ὄφισα
Μπὰνκ ἔμπλοηή
Πολίσμαν
Ντοὺ γιοῦ γουὸντ μη τοὺ
ὄουπεν μάη λάγκιιτζ.
Ἄη χὰβ νόου τάξαμπλ
ἀατικλζ ικσέπτ (φόο)
Δήηζ ἀα (νοτ) μάην
Δε μάνη ἄη χὰβ ιζ : ἑ
χάντριντ ἐντ φίφτυ ντό-
λαζ, τοὺ χάντριντ μά-
ακς, ἔντ ε χαντρὶντ
ντράκμας.
Ἄη ντόουντ νόου χάου
τοῦ ῥάητ γκρήκ. Ἄη
νόου όουνλυ ήνγλισ
Χάρυ ἀπ, πλήηζ μπιχὸζ
ἄη αμ ιν ἐ χάρυ.
Γουὸτ ιζ δὲ τὰξ φο δις
ἀατικλ;
Ἄη χὰβ σὰμ ἀατικλζ του
ἐ ντηκλέα·

30

I have (no) cigarettes, tobacco, drinks.

The clothes are used.

Am I free?—May I go?

You may go.

These articles are tax-free

I travel for the first time.

(den) écho tsigára, kapnó, potá.

Ta rúcha íne metachirisména.

Ime eléfteros? Mboró nà fígo?

Mboríte nà fígete.

Aftà ta ídi íne eléftera.

Taxidévo dià próti forá.

Restaurant

Where can we have lunch (dinner).

I would like a good (cheap) restaurant.

Is there a Greek Restaurant.

Waiter, is there a free table?

Will you give me the menu.

I would like to have only the List of Wines.

Some bread, please.

Can I have some salt, (peper, mustard, lemon, winegar.)

A clean plate, (fork, spoon, knife, glass,) please.

Estiatorion

Pu mborúme na gevmatíssome?

Tha íthela éna kalò (ftinò) estiatório?

Ipárchi ellinikò estiatório?

Garsòn, ipárchi elèfthero trapézi?

Mu dídete ton katáloko ton fagitón?

Tha íthela móno ton katálogo ton potón.

Lígo psomí parakaló.

Mu dídete aláti, (pipéri, mustárda, lemóni, xídi?)

éna katharò piáto, (pirúni, machéri, potíri,) parakaló.

Ἔχω (δὲν) τσιγάρα, καπνὸ, ποτά.

Τὰ ροῦχα εἶναι μεταχειρισμένα.

Εἶμαι ἐλεύθερος; — Μπορῶ νὰ φύγω;

Μπορεῖτε νὰ φύγετε.

Αὐτὰ τὰ εἴδη εἶναι ἐλεύθερα.

Ταξιδεύω γιὰ πρώτη φορά.

᾽Εστιατόριον

Ποῦ μποροῦμε νὰ γευματίτίσωμε;

Θὰ ἤθελα ἔνα καλὸ (φθηνὸ) ἐστιατόριο.

Ὑπάρχει Ἑλληνικὸ ἐστιατόριο;

Γκαρσὸν ὑπάρχει ἐλεύθερο τραπέζι;

Μοῦ δίνετε τὸν κατάλογο τῶν φαγητῶν;

Θὰ ἤθελα μόνο τὸν κατάλογο τῶν ποτῶν.

Λίγο ψωμί, παρακαλῶ.

Μοῦ δίδετε (ἀλάτι, πιπέρι, μουστάρδα, λεμόνι ξύδι).

Ἔνα καθαρὸ πιάτο, (πηρούνι, κουτάλι, μαχαίρι ποτήρι), παρακαλῶ.

Ἄη χὰβ (νόου) σίγκαρέτς τομπάκοου, ντρίκς

Δὲ κλόουδζ άα γιοῦζντ

Ἔμ ἄη φρήη; Μέη ἄη γκόου

Γιοῦ μέη γκόου

Δήζ ἄατικλζ ἄα τὰξ-φρήη

Ἄη τράβελ φο δὲ φὲστ τάϊμ

Ρέστωραντ

Γουέα κὰν γουὴ χαβ λαντσ (ντίνα);

Ἄη γοὺντ λάικ ὲ γκοὺντ (τσήηπ) ρέστωραντ

Ἴζ δέαρ ὲ γκρήηκ ρέστωραντ.

Γουέιτά, ιζ δέαρ α φρήη τέημπλ;

Γουὴλ γιοῦ γκὶβ μη δὲ μένιου.

Ἄη γοὺντ λάηκ του χὰβ όουνλυ δε λιστ οβ γουαίνζ.

Σὰμ μπρὲντ, πλήηζ.

Κὰν ἄη χὰβ σὰμ σὸλτ (πέπερ, μάσταντ, λέμον βίνεγκα).

Ἔ κλήην πλέητ (φόοκ, σπόυν, νάηφ, γκλάς), πλήηζ.

Will you brink me a bottle (glass) of water, please?

Do you serve coffee?

I would like a Greek coffee (sweet, medium, with little sugar).

A hot tea, please.

Please, give me a portion of : vegetables, (meat, beef, fish, chicken, mutton, green salad, soup, meat soup, roast — veal, cutlet, tongue)

I would also like some Macaroni, (beans, cheese, olives, rice, turc cheese, chips.)

Have you fruit?

I would like an apple, (pear, orange, grapes, water - melon, melon.)

Have you sweet dishes, too?

Give me a cream - caramelé, (a piece of French pastry, almond pastry, fruit pudding.)

What wines have you?

Mu férnete mía mbotília (potíri) neró, parakaló?

Servírete kafé?

Tha íthela éna elinikò kafé (vari glıkó, métrio, mé olígi).

éna zestò tsái, parakaló.

Parakalò dóste mu mià merída hórta, (kréas, vodinó, psári, kóta, arní, saláta prássini, súpa, zomò kréatos, psitò moschári, mbrisóles, glóssa).

Tha íthela dià simblíroma makarónia, (fassólia, tirí, eliés, piláfi, kasséri, patátes tiganités.)

Échete frúta?

Tha íthela éna mílo, (éna achládi, éna portokáli, stafília, karpúzi, pepóni)

échete mípos ke gliká?

Dóste mu mía krém karamelé, (mía pásta me santigí, mía pásta amygdálu, mía putínga me frúta).

Ti krassià échete?

Μοῦ φέρνετε μία μποτίλια
(ποτήρι) νερὸ παρακαλῶ,
Σερβίρετε καφέ;
Θὰ ἤθελα ἕνα Ἑλληνικὸ
καφέ. (Βαρὺ γλυκὸ, μέ-
τριο, μὲ ὀλίγη).
Ἕνα ζεστὸ τσάϊ, παρακα-
λῶ.

Παρακαλῶ, δῶστε μου μία
μερίδα χόρτα (κρέας, βω-
δινό, ψάρι, κόττα, ἀρνί,
σαλάτα πράσινη, σοῦπα,
ζωμὸ κρέατος, ψητὸ μο-
σχάρι, μπριζόλα, γλῶσ-
σα).
Θὰ ἤθελα γιὰ συμπλήρωμα
μακαρόνια, (φασόλια, τυ-
ρί, ἐλῆές, πιλάφι, κασέρι,
πατάτες τηγανητὲς).
Ἔχετε φροῦτα;
Θὰ ἤθελα ἕνα μῆλο, (ἕνα ἀ-
χλάδι, ἕνα πορτοκάλι,
σταφύλια, καρπούζι πε-
πόνι).
Ἔχετε μήπως καὶ γλυκά;
Δώστε μου μία κρὲμ-καρα-
μελέ, (μία πάστα μὲ σαν-
τιγύ, μία πάστα ἀμυγδά-
λου, μία πουτίγκα μὲ
φροῦτα).
Τί κρασιὰ ἔχετε;

Γουὴλ γιοῦ μπρὶνκ μη ἐ
μπὸτλ (γκλὰς) οβ γουότα.
Ντοῦ γιοῦ σὲρβ κόφη;
Ἄη γουντ λάηκ ε γκρήηκ
κόφη (σουήτ, μἡντιουμ,
γουὶλδ λιτλ σούγκα)
Ἐ χοτ τήη, πλήης.

Πλήης γκὶβ μη ε πόρσν
οβ βέντζιταμπλς (μήητ,
μπήηφ,φίσ, τσίκιν,μάτν,
γκρήην σάλαντ, σούπ,
μήητ σούπ, ρόουστ βήηλ,
τσόπ, τάνκ).

Ἄη γουντ ὀλσου λάικ σὰμ
μακερόνι (μπήηνς,ὀλιβς,
ράις, τερκ τσήης, τσίπς)

Χαβ γιοῦ φροῦτ;
Ἄη γουντ λάηκ ἐν ἀπλ(ε
πέα, ἐν ὀριντς, γκρέιπς
γουότα-μέλον, μέλον)

Χὰβ γιου σουὴτ ντίσιζ,
τού; γκὶβ μη α κρήημ-
κάραμελ, (ἐ πήης οβ
φρέντς πέηστρυ, ἀαμοντ
πέηστρη, φροῦτ πούν-
τινκ)
Γουὸτ, γουάινς χαβ γιοῦ;

Please give me some red wine, (champagne, cognac (brandy) whisky, beer, retsína, ouzo.)

Mu dídete, parakaló, kókkino krassí, (sampánia, koniák, (brandy uíski, mbíra, retsína, uzo)

The bill, please.

Ton logariasmó, parakaló.

There is some change.

écho na pérno résta.

Keep the change.

Kratíste ta ipólipa.

Post-office, Telephone Telegramme

Tachidromion - Tiléfono - Tilegráfima

Where can I get stamps, please?

Pu mboró na vró gramatóssina, parakaló?

Is the Post-office far away?

'Ine makriá to tachidromío?

How much is it to phone to England (America)?

Pósso kosstízi nà tilefoníso stín Aglía - (Ameriki.)

Is the telegramme expensive?

'Ine acrivò tò tilegráfima?

What is the charge for each word, answer included?

Pósso échi i káthe léxis mazí me tin apándissi?

Do I have a registered letter?

Mípos écho sistiméno grámma?

Has the post come, yet?

Ilthe to tachidromío?

What time does the aftermoon post come?

Tí óra érchete to apogevmatinó tachidromio?

I am the sender.

Egò íme o apostoléfs.

My brother is the receiver.

Paraliptis íne o adelfós mu.

Μοῦ δίδετε παρακαλῶ, κόκ-
κινο κρασί, (σαμπάνια,
κονιάκ, οὐΐσκι, μπύρα,
ρετσίνα, οὖζο).
Τόν λογαριασμό, παρακα-
λῶ.
Ἔχω νὰ παίρνω ρέστα.
Κρατῆστε τὰ ὑπόλοιπα.

Ταχυδρομεῖον
Τηλέφωνον
Τηλεγράφημα

Ποῦ μπορῶ νὰ βρῶ γραμ-
ματόσημα, παρακαλῶ.
Εἶναι μακρυὰ τὸ Ταχυδρο-
μεῖο;
Πόσο κοστίζει νὰ τηλεφω-
νήσω στὴν Ἀγγλία,
(στὴν Ἀμερικὴ);
Εἶναι ἀκριβὸ τὸ τηλεγρά-
φημα;
Πόσο ἔχει κάθε λέξις μαζὺ
μὲ τὴν ἀπάντησι;

Μήπως ἔχω συστημένο
γράμμα;
Ἦλθε τὸ Ταχυδρομεῖο;
Τί ὥρα ἔρχεται τὸ ἀπο-
γευματινό;
Ἐγὼ εἶμαι ὁ ἀποστολεύς.
Παραλήπτης εἶναι ὁ ἀδελ-
φός μου.

Πληῆζ γκιβ μη σάμ, ρὲντ
γουὰιν, (σαμπέην κό-
νιακ,(μπράντυ), γουίσκι,
μπήα, ρετσίνα, οὖζο).
Δὲ μπίλ, πλήηζ;

Δέαρ ιζ σὰμ τσέηντζ
Κήηπ δὲ τσέηντζ.

Πόουστ. ὄφις
Τέληφόουν
Τέλεγκραμ

Γουέα κὰν ἄη γκὲτ στάμ-
πς πλήηζ;
Ιζ δὲ πόουστ ὄφις φὰρ
ἐγουέη;
Χάουματσ ιζ ιτ τοῦ φό-
ουν του ήνγλαντ (αμέ-
ρικα)
Ιζ δὲ τέλεγκραμ ιξπέν-
σιβ;
Γουὸτ ιζ δὲ τσάαντζ φορ
ήητσ γουέντ, άνσα ιν-
κλούντιντ;
Ντοὺ ἄη χὰβ ἐρέτζισταντ
λέτα;
Χὰζ δὲ πόουστ κὰμ γέτ;
Γουὸτ τάημ ντάζ δὴ ά-
φτερνουν πόουστ καμ;
Ἄη ἀμ δὲ σέν-ντερ
Μάη μπράδαρ ιζ δε ρη-
σήβα.

36

Do you have Tourist post cards?

It is a free sample.

I want to send a parcel to Greece, (England, America.)

How much does it cost per kilo ?

Where is the Information Office, please?

Where can I fill in a postal order?

Please, give me an envelope and a piece of paper.

May I use your pen?

Gladly.

I am a stamp - collector Where can I buy some series from?

Go to . . . Office.

How long does the letter, (the telegramme) take to go?

Tachidromikà deltária turistikà échete?

Íne dígma ánef axías.

Thélo na stílo éna déma già tin Elláda, (Aglia, Ameriki.)

Pósso stichízi to kiló?

Pu íne i pliroforíes parakaló?

Pu mborò na kámo mían tachidromikín epitagín?

Mu dídete parakalò éna hartofákelo?

Mborò na grápso me ton stilográfo sas?

Efcarístos.

Íme gramatossiléktis. Apò pu mborò na agorásso merikés sirés?

Pigénete is to grafíon . .

Se pósso chróno pái to grámma, (to tilegráfima)?

At the Barber's

I would like to have my hair cut.

Kurion

Tha ífhela na kópso ta malliá mu.

Ταχυδρομικὰ Δελτάρια τουριστικὰ ἔχετε;
Εἶναι δεῖγμα ἄνευ ἀξίας.
Θέλω νὰ στείλω ἕνα δέμα γιὰ τὴν Ἑλλάδα, (Ἀγγλία, Ἀμερική).
Πόσο στοιχίζει τὸ κιλό;

Ποῦ εἶναι οἱ πληροφορίες, παρακαλῶ;
Ποῦ μπορῶ νὰ κάμω μίαν ταχυδρομικὴν ἐπιταγήν;
Μοῦ δίδετε, παρακαλῶ, ἕνα χαρτοφάκελλο;
Μπορῶ νὰ γράψω μὲ τὸν στυλογράφο σας;
Εὐχαρίστως
Εἶμαι γραμματοσυλλέκτης.
Ἀπὸ ποῦ μπορῶ νὰ ἀγοράσω μερικὲς σειρές;
Πηγαίνετε εἰς τό... γραφεῖον.
Σὲ πόσον χρόνο πάει τὸ γράμμα, (τὸ τηλεγράφημα);

Κουρεῖον

Θὰ ἤθελα νὰ κόψω τὰ μαλλιά μου.

Ντοὺ γιοῦ χάβ τούριστ πόουστ κάαντζ;
Ἰτ ἰζ ε φρήη σάμπλ
Ἄη γουόντ τοῦ σέννт ἐ πάασλ τοῦ γκρήης (ἠνγκλανντ, ἀμέρικα).
Χάου μὰτς ντὰζ ιτ κὸστ πὲρ κίλοου;
Γουὲαρ ιζ δη ἰνφομέησν ὄφις, πλήηζ,
Γουὲαρ κὰν ἄη φίλ ιν ἐ πόουσταλ ὄοντα;
Πλήηζ, γκὶβ μη ἐν ἔνβελοπ ἐντ ἐ πήης ὸβ πέηπα.
Μέη ἄη γιοὺζ γιὸ πὲν;

Γκλάντλυ
Ἄη αμ ἐ στάμπ-κολέκτα
Γουέα καν ἄη μπάη σὰμ σήρηηζ φρομ;
Γκόου τοῦ... ὄφις

Χάου λὸνγκ ντὰζ δὲ λέτα (δὲ τέλεγκραμ) τέηκ τοῦ γκόου,

Ατ δὲ μπάαμπαζ

Ἄη γοὺντ λάηκ τοῦ χὰβ μάη χέα κατ.

Only shaving, please.

Please, a little quicker because I am in a hurry.

How much?

Keep the change.

Please, I would like to have my hair shampooed, too.

Please, I would like to have a massage.

Mind my mustache.

My beard.

Soap.

Cold water.

Warm water.

Brush.

Comb.

What time do you shut in the evening?

Bank

I would like to change some money.

Which window must I go to?

I want to change 1000 Greek Drachmas. (£20, $30.)

Mónon xírisma, parakalò

Parakalò lígo síntoma dióti viázome.

Póssa ofílo?

Kratíste ta résta.

Parakalò thélo ke lús-simo.

Parakalò thélo éna mas-sàz.

Prosséxete to mustáki mu.

Ta génia mu.

Sapúni.

Krío neró.

Zestò neró.

Vùrtsa.

Kténa.

Tí óra klínete to vrádi?

Trápeza

Tha íthela na chalásso merikà chrímata.

Sé piàn thirída prépi na páo?

Thélo na aláxo chílies drachmés elinikés. (íkossi líres, triánda dollária.)

Μόνον ξύρισμα, παρακαλῶ.
Παρακαλῶ, λίγο σύντομα,
διότι βιάζομαι.
Πόσα ὀφείλω;
Κρατῆστε τὰ ρέστα.
Παρακαλῶ, θέλω καὶ λού-
σιμο.
Παρακαλῶ, θέλω ἕνα μα-
σάζ.
Προσέξετε τὸ μουστάκι μου.
Τὰ γένεια μου.
Σαπούνι.
Κρύο νερό.
Ζεστὸ νερό.
Βούρτσα.
Κτένα.
Τὶ ὥρα κλείνετε τὸ βράδυ;

Ὄουνλυ σέηβινκ, πλήηζ
Ἔλίτλ κουήκα, πλήηζ, μπη-
κὸζ ἀη ἀμ ιν ἐ χάρυ.
Χάου ματσ;
Κήηπ δὲ τσέηντζ.
Πλήηζ, ἄη γοὺντ λάηκ τοῦ
χὰβ μάη χέα σαμπούντ
Ἄη γοὺντ λάηκ τοῦ χὰβ
ε μάσαζ, πλήηζ.
Μάηνντ μαη μουστάσ
Μάη μπῆαντ
Σόουπ
Κόουλντ γουότα.
Γουὸμ γουότα.
Μπράσ
Κόουμ
Γουὸτ τάημ ντοὺ γιοῦ σὰτ
ἱν δὴ ἤβνινκ;

Τράπεζα

Θὰ ἤθελα νὰ χαλάσω με-
ρικὰ χρήματα.
Σὲ ποιὰν θυρίδα πρέπει νὰ
πάω;

Θέλω νὰ ἀλλάξω 1000
δραχμὲς Ἑλληνικές, ἢ 20
Λίρες, ἢ 30 Δολλάρια.

Μπὰνκ

Ἄη γοὺντ λάηκ τοῦ τσέ-
ηντζ σὰμ μάνυ
Γουίτσ γουίννντοου μὰστ
ἄη ἐ γκδου του;

Ἄη γουντ τοῦ τσέηντζ
ἐ θάουζεν-ντ γκρήηκ
ντράχμας (τουέντυ πά-
ουν-ντζ, θέτυ ντόλαζ).

How many Greek Drachmas do I get for ... pounds (dollars)?

Póses elinikés drachmés pérno mé...lí(res (dollária)?

Where is there a Bank?

Pú ipárchi trápeza?

Is there a Tourist Office?

Ipárchi touristikó grafio?

What hours is the Bank open?

Piés óres íne aniktí í trápeza?

The Tobacconist's

Capnopolíon

Please, where can I buy cigarettes?

Parakaló pu mboró na agorásso tsigára?

Please, give me a box of cigarettes (tipped ones)

Parakaló dóste mu éna pakéto tsigára (me fíltro)

Have you got pipe tobacco?

Mípos échete kapnó pípas?

I want some cigars.

Tha íthela púra.

Give me a box of matches, too.

Mu dídete ke éna kutí spírta?

I want a flint.

Thélo mía tsakmakópetra.

Some lighter fuel, please.

Ligi venzíni parakaló.

Have you got a wick for the lighter?

Mípos échete fitíli diá ton anaptíra?

I would like some gaslighter fuel.

Tha íthela igraérion.

Have you American cigarettes?

Mipos échete amerikaniká tsigára?

Πόσες Ἑλληνικὲς δραχμὲς
παίρνω μὲ...λίρες (δολ-
λάρια);
Ποῦ ὑπάρχει Τράπεζα;
Ὑπάρχει τουριστικὸ γρα-
φεῖο;
Ποιὲς ὧρες εἶναι ἀνοικτὴ
ἡ Τράπεζα;

Χάου μένυ γκρήηκ ντράκ-
μας ντοὺ άη γκὲτ φὸ...
πάουν-ντζ (ντόλαζ);
Γουέαρ ιζ δέαρ ἐ μπὰνκ;
Ιζ δέα ἐ τούριστ ὄφις;

Γουὸτ ἀουαζ ἰζ δὲ μπάνκ
όουπν;

Καπνοπωλεῖον

Δὲ τομπάκοουνιστς

Παρακαλῶ, ποῦ μπορῶ νὰ
ἀγοράσω τσιγάρα;
Παρακαλῶ δῶστε μου ἕνα
πακέτο τσιγάρα (μὲ φίλ-
τρο).
Μήπως ἔχετε καπνὸ πίπας;

Γουέα κὰν ἄη μπάη σί-
γκαρὲτς πλήης;
Πλήης, γκίβ μη ἐ μπὸξ ὄβ
σίγκαρὲτς (τίπτ γουανζ.)

Θὰ ἤθελα ποῦρα.
Μοῦ δίδετε καὶ ἕνα κουτὶ
σπίρτα;
Θέλω μία τσακμακόπετρα.
Λίγη βενζίνη, παρακαλῶ.
Μήπως ἔχετε φυτίλι γιὰ
τὸν ἀναπτῆρα;
Θὰ ἤθελα ὑγραέριον;

Μήπως ἔχετε ἀμερικανικὰ
τσιγάρα;

Χὰβ γιου γκοτ πάηπ το-
μπάκοου;
Άη γουὸντ σὰμ σιγκὰζ.
Γκὶβ μη ἐ μπὸξ ὸβ μάτσιζ
τού.
Άη γουὸντ ἐ φλὶντ
Σαμ λάντα φιουὲλ, πλήης.
Χὰβ γιου γκοτ ε γουίκ
φόο δὲ λάητα;
Άη γοὺντ λάηκ σὰμ γκὰς
–λάητα φιουὲλ.
Χὰβ γιοῦ γκὸτ ἀμέρικαν
σίγκαρέτς;

What kind of cigarettes have you got ?	Ti tsigára échete?
Have you English cirarettes?	échete angliká tsigára?
I want heavy cigarettes.	Thélo variá tsigára.
I would like to have a cigarette-case.	Tha írhela mia tsigarothíki.
Have you a good lighter?	échete éna kaló anaptíra?
How much does it cost?	Ti stichízi aftó?
How much do they cost all together?	Póssa kostizun óla mazí?
Thank you.	Efcharistó.
Is it of good quality?	íne kalís piótitos?

Book-Store (shop   Vivliopolíon

Have you Greek dictionaries?	échete elliniká lexiká?
Have you Greek dialogues?	échete ellinikús dialógus?
What tourist books have you got?	Ti vivlía turistiká échete?
I would like a map of Europe.	Tha íthela éna hárti tis Evropis.
Have you a map of England (Greece)?	Mípos échete éna hárti tis Anglías (Eládos)?
Have you a map of the town?	Mípos échete éna hárti tis póleos?

Τί τσιγάρα ἔχετε;

Ἔχετε Ἀγγλικὰ τσιγάρα;

Θέλω βαρειὰ τσιγάρα.

Θὰ ἤθελα μία τσιγαροθή-
κη.
Ἔχετε ἕνα καλὸ ἀναπτῆ-
ρα;
Τί στοιχίζει αὐτό;
Πόσο κοστίζουν ὅλα μαζί;

Εὐχαριστῶ.
Εἶναι καλῆς ποιότητος;

Βιβλιοπωλεῖον

Ἔχετε Ἑλληνικὰ Λεξικὰ

Ἔχετε Ἑλληνικοὺς διαλό-
γους;
Τί βιβλία τουριστικὰ ἔχε-
τε,
Θὰ ἤθελα ἕνα χάρτη τῆς
Εὐρώπης.
Μήπως ἔχετε ἕνα χάρτη
τῆς Ἀγγλίας (Ἑλλάδος);
Μήπως ἔχετε ἕνα χάρτη
τῆς πόλεως;

Γουὸτ κάηνντ οβ σιγκα-
ρέτς χὰβ γιοῦ γκὸτ;
Χαβ γιου ἤνγκλισ σιγκα-
ρὲτς
Ἄη γουὸν-τ χέβυ σιγκα-
ρέτς
Αη γοὺντ λάηκ του χαβ
ε σίγκαρὲτ κέης
Χὰβ γιου ε γκουντ λά-
ητα
Χὰου μὰτσ ντὰζ ιτ κόστ;
Χάου μὰτσ ντοὺ δέη κὸστ
ὸλ τουγκέδα.
Θὲνκ γιου.
Ἴζ ιτ ὀβ γκουντ κουό-
λιτυ

Μποὺκ στοο (σὸπ)

Χάβ γιου γκρήηκ ντίκσο-
νερηζ;
Χὰβ γιου γκρήηκ ντάηα·
λογκζ;
Γουὸτ τούριστ μποὺκς χὰβ
γιοὺ γκὸτ;
Ἄη γοὺντ λάηκ ὲ μάπ οβ
γιοῦροπ.
Χὰβ γιου ὲ μὰπ ὸβ ἤν-
γκλαντ (γκρήης);
Χὰβ γιοὺ ὲ μὰπ οβ δὲ
τάουν;

At the Stationer's

would like so me correspondence paper.
Have you coloured paper?
I would like white paper.

Have you picture postcards of your city?
Wil you give me some envelopes, too?
Have you writing pads?

A ball-pen
I prefer a Parker one.
Have you stamps, too?

How much do they cost all together?
Is the Post — Office far away?

Confectionery

Have you ice—cream?
I would like a mixed one.
I want it simple.
Will you give me a cream pastry.
I want an almond pastry.

Chartopolíon

Thá íthela hartí aliligrafías.
échete hromatistó hartí?
Tha íthela hartí lefkó.

Mipos échete kárt-postál tis póleós sas?
Dóste mu ke ligus fakélus, parakaló
échete mblók alilografías?

éna stilográfo diarkias.
Protimó Pàrker.
Mipos échete ke grammatósima?
Ti stichízun óla mazí?

íne makriá to tachidromíon?

Zacharoplastíon

Mípos échete pagotó?
Tha to íthela anámikto.
Egó thélo kassáto.
Dóste mu mía pásta me santigi, parakaló.
Egó thélo mia pàsta amigdàlu.

Χαρτοπωλεῖον

Θὰ ἤθελα χαρτὶ ἀλληλο-
γραφίας.
Ἔχετε χρωματιστὸ χαρτί;
Θὰ ἤθελα χαρτὶ λευκό.

Μήπως ἔχετε κὰρτ - πο-
στὰλ τῆς πόλεώς σας;
Δῶστε μου καὶ λίγους
φακέλλους, παρακαλῶ
Ἔχετε μπλὸκ ἀλληλογρα-
φίας;
Ἕνα στυλογράφο διαρκεί-
ας.
Προτιμῶ Πάρκερ.

Μήπως ἔχετε καὶ γραμμα-
τόσημα;
Τὶ στοιχίζουν ὅλα μαζί;

Εἶναι μακρυὰ τὸ Ταχυ-
δρομεῖο;

Ζαχαροπλαστεῖον

Μήπως ἔχετε παγωτό;
Θὰ τὸ ἤθελα ἀνάμικτο.

Ἐγὼ θέλω κασάτο
Δῶστε μου μία πάστα μὲ σαν-
τιγύ, παρακαλῶ.
Ἐγὼ θέλω μία πάστα ἀ-
......δέλ.....

Στέησοναξ Σὸπ

Ἄη γοὺντ λάηκ σὰμ κο-
ρεσπὸντενς πέηπα.
Χὰβ γιου κάλαντ πέηπα.
Ἄη γοὺντ λάηκ
γουάητ πέηπα.
Χὰβ γιου πίκτσα πόουστ-
κάαντζ ὅβ γιόο σίτυ.
Γουὶλ γιοῦ γκὶβ μη σὰμ
ένβελοπς, τοῦ;
Χὰβ γιοῦ ράητινκ πάντζ.

Ἐ μπὸλ πέν.

Ἄη πρηφὲρ ε πάακα γου-
άν
Χὰβ γιου στάμπς, του;

Χάου μάτσ ντου δέη κοστ
ἀλ τουγκέδα;
Ἰζ δε πόουστ.-ὄφις φὰρ
εγουέη;

Κονφέκσονερυ

Χαβ γιου ἄης-κρήημ,
Ἄη γουντ λάηκ ε μίξτ
γουάν.
Ἄη γουόντ ιτ σίμπλ.
Γουίλ γιοῦ γκὶβ μη ε κρή-
ημ–πέηστρυ;
Ἄη γουόντ ἐν άαμοννт
πέηστου.

Have you a chocolate pastry?

I prefer a glass of beer.

We had better have a bottle of beer.

Do you serve «UZO» (White brandy)?

Give me a cognac, please

Do you serve Coca-Cola?

A lemonade, please

Mípos échete sokoláta?

Protimó éna potíri mbira.

Kallítera mía fiáli mbíra.

Mipos servirete úzo?

Dóste mu éna koniak, parakaló.

Servirete Koka-kola?

Parakaló mía lemonàda.

Coffee—House

I want a Greek coffee, please.

Give me a French coffee, please.

An - espresso cofee, please.

A glass of water, please.

Is the coffee ready?

I don' t want much sugar.

I want some milk in it too.

Have you jams?

Kafenío

Tha íthela éna Ellinikó kafé, parakaló.

Dóste mu éna galiko kafé, parakaló.

éna kafé esprésso parakaló.

Parakaló éna potìri neró.

étimos o cafés?

Dén thélo polí záchari.

Thélo ke ligo gála méssa.

Mipos échete glikó kutaliú?

Μήπως ἔχετε σοκολάτα;

Προτιμῶ ἕνα ποτήρι μπύρα.
Καλλίτερα μία φιάλη μπύρα.
Μήπως σερβίρετε Οὔζο;

Δῶστε μου ἕνα κονιάκ, παρακαλῶ.
Σερβίρετε Κόκα Κόλα,
Παρακαλῶ μιὰ λεμονάδα.

Καφενεῖον

Θὰ ἤθελα ἕνα Ἑλληνικὸ καφέ, παρακαλῶ.
Δῶστε μου ἕνα Γαλλικὸ καφέ, παρακαλῶ
Ἕνα καφὲ-ἐσπρέσσο, παρακαλῶ.
Παρακαλῶ ἕνα ποτήρι νερό.
Ἕτοιμος ὁ καφές;
Δὲν θέλω πολλὴ ζάχαρι.

Θέλω καὶ λίγο γάλα μέσα.

Μήπως ἔχετε γλυκὰ κουταλιοῦ;

Χὰβ γιου ε τσόκολητ πέηστρυ;
Ἄη πρηφὲρ ἐ γκλὰς ὄβ μπήα.
Γουὴ χὰντ μπέτα χὰβ ἐ μπότλ ὀβ μπήα.
Ντοὺ γιοὺ σέεβ «UZO» (Γουαΐτ μπράντυ).
Γκὶβ μη ε κόνιαχ, πλήῃζ.

Ντοῦ γιοῦ σέεβ κόκα-κόλα;
Ε λέμονεηντ, πλήῃζ.

Κόφη·Χάους

Ἄη γουὸντ ἐ γκρήηκ κόφη, πλήῃζ.
Γκὶβ μη ε φρέντσ κόφη, πλήῃζ.
Ἕν εσπρέσο-κόφη, πλήῃζ.

Ἕ γκλὰς ὄβ γουότα, πλήῃζ.

Ἴζ δὲ κόφη ρέντυ;
Ἄη ντόουντ γουὸντ ματσ σούγκα.
Ἄη γουὸντ σὰμ μίλκ ἴν ἴτ, του.
Χὰβ γιοῦ ντζάμζ.

48

I would like some apple-
jam.
Have you cherry jam?
In any case, I prefer
orange marmalade.
Peach.
Have you tea?
I should prefer it.
I would like some milk
in it.
Bring me a small dish,
please.
I want butter and honey,
too.
I would rather have
toast.
Give me some more
sugar please.
A spoon, please.

Tha íthela glikó mílo.

Mípos échete kerássi?
Pandos egó protimó gliko
kutaliù portokáli.
Rodàkino.
Mípos échete tsái?
Tha tó protimússa.
Tha íthela ke gála mazi

Férte mu éna piatáki pa-
rakaló
Thélo epissis vútiro ke
méli.
Tha protimússa to pso-
mi na íne friganiá.
Mù didete lígi záchari
akóma, parakaló.
éna kútali parakaló

At the Tailor's

Where can I have a suit
made?
I want to have a suit
made.
I want it single breasted
I prefer it to be double
breasted.
With a waistcoat.
Without folding up.

s tòn ráfti

Pu mboró na rápso éna
kustúmi?
Thélo na rápso éna ku-
stúmi.
Tó thélo monópeto.
To protimó stavrotó.

Me giléko.
Horis revér.

Θὰ ἤθελα γλυκὸ μῆλο.

Μήπως ἔχετε κεράσι;
Πάντως ἐγὼ προτιμῶ γλυ-
κὸ κουταλιοῦ πορτοκάλλι
Ροδάκινο.
Μήπως ἔχετε τσάϊ;
Θὰ τὸ προτιμοῦσα.
Θὰ ἤθελα καὶ γάλα μαζί.

Φέρτε μου ἕνα πιατάκι,
παρακαλῶ
Θέλω ἐπίσης καὶ βούτυρο
μὲ μέλι.
Θὰ προτιμοῦσα τὸ ψωμὶ
νὰ εἶναι φρυγανιά.
Μοῦ δίδετε λίγη ζάχαρι ἀ-
κόμη, παρακαλῶ.
Ἕνα κουτάλι, παρακαλῶ.

Εἰς τὸν ῥάφτη

Ποῦ μπορῶ νὰ ῥάψω ἕνα
κουστοῦμι;
Θέλω νὰ ῥάψω ἕνα κου-
στοῦμι·
Τὸ θέλω μονόπετο.

Τὸ προτιμῶ σταυρωτό.

Μὲ γιλέκο.
Χωρὶς ῥεβὲρ.

Ἄη γουντ λάηκ σὰμ ἄπλ-
ντζὰμ.
Χὰβ γιου τσὲρυ ντζὰμ;
Ἴν ἔνη κέης, ἄη πρηφὲρ.
ὀρίντζ-ντζὰμ.

Πήητσ

Χὰβ γιοῦ τήη;
Ἄη σοὺντ πρηφέρ ιτ.
Ἄη γουντ λάηκ σὰμ μιλκ
ιν ιτ.
Μπρὶνκ μη ε σμὸλ ντὶσ,
πλήηζ.
Ἄη γουντ μπάταρ ἐντ
χάνυ, τοῦ.
Ἄη γουντ ῥάδα χὰβ τό-
ουστ.
Γκὶβ μη σὰμ μόο σούγκα,
πλήηζ.
Ἐ σποὺν, πλήηζ.

Ἄτ δὲ τέηλαζ.

Γουέα κὰν ἄη χὰβ α σοὺτ.
μέηντ;
Ἄη γουοντ τοῦ χὰβ ε
σοὺτ μέηντ.
Ἄη γουοντ ιτ σίνγλ μπρέ-
στιντ.
Ἄη πρηφὲρ ιτ τοῦ μπὴ
ντὰμπλ-μπρέστιντ.
Γουὴδ ε γουέσκοτ.
Γουηδάουτ φόλντιν ἄπ.

With two buttons.	Me dío kumbiá.
I want tightly-fitting trousers.	Thélo stenó pantelóni.
When shall I come for a fitting?	Póte tha értho diá prova?
When will the suit be ready?	Póte tha íne étimo to kustùmi?
In six days I go away.	Se éxi méres févgo.
On Sunday it must be ready.	Tín Kiriakí prepi na íne étimo.
Is the material good?	íne kaló to ífasma?
How much does the meter cost?	Pósso échi to métro?
I am a tourist. I am in a hurry	íme turístas, viázome.
Where can I get a pair of shoes?	Pu mboró na agorásso éna zevhári ipodímata?

At the Shoemaker's

ipodimatopiíon

Give me a pair of black shoes, please.	Dóste mu éna zevgári paputzia mavra, parakaló.
I wear size 38—39.	Foró número triantaoktó-triantaennéa.
I prefer it in brown colour.	Egó protimó se kafé chróma.
I wear size 41-42.	Foró número sarantaéna-sarantadío.
These are too tight for me.	Aftà mu íne polí stenà.

Μὲ δύο κουμπιά.
Θέλω στενὸ παντελόνι.

Πότε θὰ ἔρθω γιὰ πρό-
βα;
Πότε θὰ εἶναι ἔτοιμο τὸ
κουστούμι;
Σὲ ἕξη μέρες φεύγω.

Τὴν Κυριακὴ πρέπει νὰ εἶ-
ναι ἔτοιμο.
Εἶναι καλὸ τὸ ὕφασμα.
Πόσο ἔχει τὸ μέτρο;

Εἶμαι τουρίστας. Βιάζο-
μαι.
Ποῦ μπορῶ νὰ ἀγοράσω
ἕνα ζευγάρι ὑποδήματα;
     Ὑποδηματοποιεῖον
Δῶστε μου ἕνα ζευγάρι
παπούτσια μαῦρα, πα-
ρακαλῶ.
Φορῶ νούμερο 38-39

Ἐγώ προτιμῶ σὲ καφὲ
χρῶμα.
Φορῶ νούμερο 41-42.

Αὐτὰ μοῦ εἶναι πολὺ στε-
νά.

Γουὴδ τοῦ μπάτονζ
῎Αη γουὸντ τάητλυ φίτινκ
τράουζας.
Γουὲν σὰλ ἄη κάμ φὸρ ἐ
φίττινκ.
Γουὲν γουὴλ δὲ σοὺτ μπὴ
ρέντυ;
᾽Ιν σὶξ ντέηζ ἄη γκόου
ἐγουέη
᾽Ον σάντεη ιτ μάστ μπὴ
ρέντυ.
᾽Ιζ δὲ ματήριαλ γκοὺντ;
Χάου ματσ ντὰζ δὲ μήτα
κόστ;
῎Αη ἀμ ἐ τούριστ. ῎Αη
ἀμ ιν ε χάρυ
Γουέα κὰν ἄη γκὲτ ἐ πέαρ
ὀβ σούζ;
    ῎Ατ δὲ σούμέηκαζ
Γκίβ μη ἐ πέαρ ὀβ μπλὰκ
σούζ, πλήηζ.

῎Αη γουέα σάηζ θέτυ έητ,
θέτυ νάην
῎Αη πρηφὲρ ιτ ιν μπάουν
κάλα.
῎Αη γουέα σάηζ φότυ·γου-
ἀν φότυ τοῦ.
Δήηζ ἄα τοῦ τάητ.

On the contrary these are too large for me.

Antithétos aftá mu íne fardiá

It huts my corn.

Me ktipái ston kálo.

Do you think it will stretch?

Léte na aníxi?

Have you another model?

échete álo schédio?

I would like them to be more modern.

Tha íthela pió moderna.

Do you have new designs for women?

Mipos échete néa gynekía skédia?

I would like one with low thick heels

Tha íthela éna se chamiló takúni ké chondró.

I would like them to be round-toed.

Ke ná ine fardiá mbrostá.

How much do they cost?

Pósso kostízun?

If I take two pairs, how much will you give them to me?

Eán páro dío zevgária pósso tha mu ta dóssete?

Have you also shoes for children, for the child?

échete ke pediká papútsia, giá to pedi?

I would like a pair of men's slippers.

íthela epíssis éna zevgári pantúfles andrikés.

And one pair of slippers for women.

Ke éna zevgári pantúfles gynekies.

A pair of sandals, too.

Epissis éna zevgári pédila.

Ἀντιθέτως αὐτὰ μοῦ εἶ-
ναι φαρδειά.

Μὲ χτυπάει στὸν κάλο.

Λέτε νὰ ἀνοίξη;

Ἔχετε ἄλλο σχέδιο
Θὰ ἤθελα πιὸ μοντέρνα.

Μήπως ἔχετε νέα γυναι-
κεῖα σχέδια;
Θὰ ἤθελα ἕνα σὲ χαμηλὸ
τακούνι καί χονδρό.

Καὶ νὰ εἶναι φαρδειὰ
μπροστά.

Πόσο κοστίζουν;

Ἐὰν πάρω δύο ζευγάρια
πόσο θὰ μοῦ τὰ δώσε·
τε;

Ἔχετε καὶ παιδικὰ παπού-
τσια, γιὰ τό παιδί;

Ἤθελα ἐπίσης ἕνα ζευγά-
ρι παντοῦφλες ἀνδρικές.

Καὶ ἕνα ζευγάρι παντοῦ-
φλες γυναικεῖες.

Ἐπίσης ἕνα ζευγάρι πέδι-
λα.

Ον δὲ κόντραρὺ δήῃζ ἄα
τοῦ λαὰτζ φο μή.

Ἰτ χέετς μάη κόον.

Ντοῦ γιοῦ θίνκ ιτ γουῆλ
στρέτσ;

Χὰβ γιοῦ ἐνάδα μόντελ;

Ἄη γοὺντ λάηκ δὲμ τοῦ
μπὴ μόο μόντεεν.

Ντοῦ γιοῦ χὰβ νιοῦ ντι-
ζάηνζ φο γουήμην;

Ἄη γοὺντ λάηκ γουὰν
γουὶδ λόου, θίκ χήηλζ.

Ἄη γοὺντ λάηκ δὲμ τοῦ
μπὴ ῥάουνντ τόουντ

Χάου μάτσ ντοῦ δέη κοστ;

Ἴφ ἄη τέηκ τοῦ πέαζ, χά-
ου μάτσ γουῆλ γιοῦ γκὶβ
δὲμ τοῦ μή;

Χαβ γιοῦ όλσοο σοῦζ φο
τσίλντρεν, φο δὲ τσά-
ηλντ;

Ἄη γοὺντ λάηκ ὲ πέαρ οβ
μὲνζ σλίππαζ.

Ἐντ γουὰν πέαρ όβ σλίπ-
παζ φο γουήμην.

Ε πέαρ όβ σάνιταλζ, τοῦ.

For men.	andriká.
For women	gynekia.
For children	pediká.

At a clothes store

is to katástima

I want a pair of socks a pair of stockings, a dress, a skirt.

Thélo éna zevgári káltzes andrikés éna gynekíes, éna fustáni ke mía fú-sta.

Please, I would like......

Parakaló tha íthela ....

How much does it cost?

Pósso kostísi aftó?

How will it be paid?

Pos plirónete?

I am a Greek and I have worked in your coun-try, for two months.

Íme éllin ke ergásome stin patrída sas, edó ke dio mínes.

If I get more articles shall I have a dis-count?

Eán páro perissótera tha écho ékptossi?

I want them for a little child.

Ta thélo giá mikró pedí.

I want articles for men, (for wome n).

Thèlo gynekía, andriká ídi.

How much is a kilo?

Pósso échi to kiló?

How many meters is it?

Póssa métra íne?

Is it very expensive.

Íne poli akrivó

Have you a better one?

échete kalítero?

I would like to have a discount

Thélo na mu kánete mian ékptossin.

How much is the meter?

Pósso échi to métro?

Ἀνδρικά.
Γυναικεῖα.
Παιδικά.

Εἰς τὸ Κατάστημα

Θέλω ἕνα ζευγάρι κάλτσες
ἀνδρικές, ἕνα ζευγάρι
κάλτσες γυναικεῖες ἕνα
φόρεμα καὶ μία φούστα.
Παρακαλῶ, θὰ ἤθελα .....
Πόσο κοστίζει αὐτό;
Πῶς πληρώνεται;
Εἶμαι Ἕλλην καὶ ἐργάζο-
μαι στὴν Πατρίδα σας
ἐδῶ καὶ δύο μῆνες.
Ἐὰν πάρω περισσότερα
θὰ ἔχω ἔκπτωσι;

Τὸ θέλω γιὰ μικρὸ παιδί.

Θέλω γυναικεῖα, (ἀνδρικὰ)
εἴδη.
Πόσο ἔχει τὸ κιλό;
Πόσα μέτρα εἶναι;
Εἶναι πολὺ ἀκριβό;
Ἔχετε καλλίτερο;
Θέλω νὰ μοῦ κάνετε μίαν
ἔκπτωσιν.
Πόσο ἔχει τὸ μέτρο;

Φὸ μὲν
Φὸ γουήμην
Φὸ τσίλντρεν

Ἀτ ε κλόουδξ στόο

Ἄη γουόντ ἐ πέαρ οβ σόκς,
ἐ πέαρ οβ στόουκίνξ,
ἐ ντρές, ε σκέετ.

Πλήηξ ἄη γοὺντ λάηκ ...
Χάου μάτσ ντὰξ ιτ κοστ.
Χάου γουὶλ ιτ μπὴ πέηντ;
Ἄη ἀμ, ε γκρήηκ ἐντ ἄη
χάβ γουέκτ ίν γιόο κάν-
τρυ φὸ τοῦ μάνθς.
Ἴφ ἄη γκὲτ μόο ἀατικλξ
σάλ ἄη χάβ ἐ ντισκά-
ουντ;
Ἄη γουόντ δὲμ, φὸρ ε
λιτλ, τσαηλντ.
Ἄη γουόντ ἀατκλξ φο μέν
(φὸ γουήμην.)
Χάου ματσ ιξ ε κίλοου;
Χάου μένν μήταξ ιξ ιτ;
Ἴξ ίτ βέρυ ἠξπένσιβ;
Χάβ γιοῦ ε μπέττια γουάν;
Ἄη γουντ λάηκ τοῦ χάβ
ε ντισκάουντ
Χάου ματσ ιξ δὲ μήτα;

I want an overcoat a hat, a suit, a coat trousers and some cloth

Tha ίthela éna paltò, éna kapélo, éna kostúmi, éna sakáki, èna pantelóni ke ίfasma.

I want drawers, shirts ties, handkerchiefs, a pull-over and a trench-coat.

Thélo na mu dóssete sóvraka, fanéles, ipokámissa, gravátes, mantília, éna pulóver ke mία kambardína.

Also, I would like for my wife a blouse, six panties thee slips and two bras.

Epίssis tha ίthela diá tin gynéka mu mía mblúza, éxi kylótes, tris kombinezón, ke dίo sutién.

As for cosmetics, I want: perfume, face-milk, powder, lipstick.

Apó kalintiká thélo: áro-ma, galáktoma, pùdra, krajón.

Give me a good hair-dye in red, (black, blond, blue).

Dóste mu mía kalί vafί malión se kókino, (mavro, xanthò, mblé) chróma.

For my use I would like some razor-blades.

Diá dikί mu chrίssi tha ίthela lίga xirafákia.

Have you a good shaving brush and shaving-soap?

Mίpos échete éna kaló pinélo ke sapùni xirismatos?

Θὰ ἤθελα ἕνα παλτό, ἕνα
καπέλλο, κουστούμι, ἕνα
σακκάκι, ἕνα παντελόνι,
καὶ ὕφασμα.

Θέλω νὰ μοῦ δώσετε Σώ-
βρακα, Φανέλλες, Ὑπο-
κάμισα, Γραββάτες,
Μαντήλια, Πουλόβερ καὶ
μιὰ Καμπαρντίνα.

Ἐπίσης, ἤθελα γιὰ τὴ γυ-
ναίκα μου μία μπλοῦ-
ζα, ἕξη κυλότες, τρία
κομπιναιζόν, 2 σουτιέν.

Ἀπὸ καλλυντικὰ : θέλω
Ἄρωμα, Γαλάκτωμα,
Πούδρα, Κραγιόν.

Δῶστε μου μιὰ καλὴ βαφὴ
μαλλιῶν σὲ κόκκινο,
(μαῦρο, ξανθό, μπλὲ)
χρῶμα.

Γιὰ δική μου χρῆσι ἤθελα
λίγα ξυραφάκια.

Μήπως ἔχετε ἕνα καλὸ πι-
νέλο καὶ σαπούνι ξυ-
ρίσματος;

Ἄη γουόντ ἐν ὀουβακό-
ουτ, ἐ χάτ, ἐ σουτ, ἐ κό-
ουτ τράουζας, ἐντ σάμ.
κλόθ.

Ἄη γουόντ ντρόοζ, βέστς,
σέετς, τάηζ, χάνγκα-
τσηηφς, ἐ πουλόουβα
ἐντ ε τρέντσκόουτ.

Ὅλσοου, ἄη γοὺν λάηκ φὸ
μάη γουάηφ, ἐ μπλάουζ,
σὶξ πάντηζ, θρὴ σλίπς
ἐντ τοῦ μπράζ.

Ἀζ φο κοσμέτικς ἄη γου-
όντ: πέρφιουμ, φέης-
μίλκ, πάουντα, λίπστικ.

Γκὶβ μὴ ἐ γκοὺντ χέα-
ντάη ιν ρὲντ (μπλάκ,
μπλόντ, μπλοῦ.)

Φὸ μάη γιοὺς ἄη γούντ
λάηκ σάμ ρέηζαμπλέ-
ηντζ.

Χὰβ γιοῦ ἐ γκούντ σέηβινκ
μπρὰσ ἐντ ἐ σέηβινκ σό-
ουπ;

I also want a tooth-paste and a tooth · brush.

Epíssis thélu mia odondókrema ke mía odondóvurtsa.

I thank you very much. Give me the bill please.

Sas efcharistò polí. Kánte mu tòn logariasmò

Looking For Work

Anévresis ergasías

Do you know where I can find any kind of job?

Mípos xévrete pu mborò na évro otidípote ergassían?

I am a Technician.

íme technikós.

My friend is a Workman.

O fílos mu íne ergátis.

In my country I am a carpenter (a mason, waiter, hairdresser, cook).

Srín patrída mu íme marangós, (ktístis, servitóros, kuréas, mágiros).

I am a Tailor (Printer, motor. mechanic).

íme ráptis, (typográfos, michanikós aftokinítu).

I can do any kind of work.

Káno opiadípote ergasían.

Shall I be paid by the week (or by the month, or by the day, or by the hour)?

Tha plirónome mé tín evdomáda, i mé tón mína, i mé tín iméra?

For how many hours shall I work per day and what will those be?

Pósses óres tha dulévo tín imera ke piés?

Ἐπίσης θέλω μία Ὀδον-
τόκρεμα, καὶ μία Ὀδον-
τόπαστα.

Σᾶς εὐχαριστῶ πολύ.

Κάντε μου τὸν λογαρια-
σμὸ, παρακαλῶ.

Ἀνεύρεσις ἐργασίας

Μήπως ξέρετε ποῦ μπορῶ
νὰ βρῶ ὅτιδήποτε ἐρ-
γασίαν;

Εἶμαι Τεχνικός.

Ὁ φίλος μου εἶναι Ἐργά-
της.

Στὴν Πατρίδα μου εἶμαι
Μαραγκὸς (Χτίστης,
Σερβιτόρος, Κουρέας,
Μάγειρος.)

Εἶμαι Ράπτης, (Τυπογρά-
φος, Μηχανικὸς αὐτο-
κινήτου).

Κάνω ὁποιαδήποτε ἐργα-
σίαν.

Θὰ πληρώνωμαι μὲ τὴν
ἑβδομάδα, (μὲ τὸν μῆνα,
μὲ τὴν ἡμέρα, τὴ ὥρα);

Πόσες ὧρες θὰ δουλεύω
τὴν ἡμέρα καὶ ποῖες;

Ἄη δλσοου γουὸντ ἐ τοὺθ
πέηστ ἔντ ε τοῦθ μπρασ

Ἄη θάνκ γιου βέρυματσ.

Γκήβ μη δὲ μπὴλ, πλήης.

Λούκινκ φο γουέκ

Ντοὺ γιοῦ νόου γουὲα ἄη
κὰν φάην·ντ ἔνυ κάην·ντ
οβ γουὲκ;

Ἄη ἀμ ε τεχνισν.

Μάη φρέννт ιζ ε γουέκμαν.

Ἰν μάη κάντρυ ἄη ἀμ ε
κάπεντα, (ἐ μέησν, γου-
έητα, χέαντρεσα, κοὺκ.)

Ἄη ἀμ ε τέηλα (πρίντα,
μόουτα·μεκάνικ).

Ἄη κὰν ντοῦ ἔνυ κάηνντ
οβ γουὲκ.

σὰλ ἄη μπὴ πέηντ μπάη
δὲ γουὴκ (μπάη δὲ μανθ,
ὁ μπάη δὲ ντέη, ὁ μπάη
δὴ ἄουα);

Φὸ χάου μένυ ἄουαζ, σὰλ
ἄη γουὲκ ἐ ντέη ἐντ γου·
ὰτ γουὴλ δόουζ μπή;

What will the wages be?	Tí misthó thá pérno?
What deduction and in general what expenses shall I have?	Tí kratíssis ke éxoda thá ého?
May I get an advance because it is the first month?	Mboró ná ého mia prokatavolí epidí íne o prótos mínas?
You can try me for a week.	Mboríte ná mé dokimássete epí mía evdomáda.
I don't know this job but I think that I shall manage it soon.	Dén gnoríso aftín tín duliá, alá nomízo óti grígora thá tá kataféro.
I have no recommendations because it is the first time I get a job in your country.	Dén ého systássis distichós, dióti próti forá piáno duliá stón tópo sas.
I can work as an upholsterer (turner, carpenter hotel-keeper, baker, photographer, confectioner).	Mboró ná ergasthó ós tapetziéris, (torneftís, maragós, xenodóchos, arthopiós, fotográfos, zacharoplástis).

Commercial Conversation

Emboriki sizitissis

I am a Merchant.	Egó íme ébmoros.
Are you a Manufacturer?	Essís ísthe viomíchanos;

61

Τί μισθὸ θὰ παίρνω ;

Τί κρατήσεις καί ἔξοδα θὰ ἔχω ;

Μπορῶ νὰ ἔχω μία προκαταβολὴ ἐπειδὴ εἶναι ὁ πρῶτος μῆνας ;
Μπορεῖτε νὰ μὲ δοκιμάσετε ἐπὶ μία ἑβδομάδα.
Δὲν γνωρίζω αὐτὴ τὴ δουλειὰ ἀλλὰ νομίζω ὅτι γρήγορα θὰ τὰ καταφέρω.
Δὲν ἔχω συστάσεις, δυστυχῶς, διότι πρώτη φορὰ πιάνω δουλειὰ στὸν τόπο σας.

Μπορῶ νὰ ἐργασθῶ ὡς ταπετσιέρης, (Τορνευτής, Μαραγκός, Ξενοδόχος, Ἀρτοποιός, Φωτογράφος, Ζαχαροπλάστης).

Ἐμπορικὴ συζήτησις

Ἐγὼ εἶμαι Ἔμπορος.
Ἐσεῖς εἶσθε Βιομήχανος ;

Γουὸτ γουὴλ δὲ γουέηντζιζ μπή;
Γουὸτ ντιντάχσν έντ ιν ντζένεραλ γουὸτ ιξπένσιλ σὰλ άη χάβ;
Μέη άη γκὲτ ἐν ἀντβὸνς μπηχὸζ ιτ ιζ δέ φέεστ μάνθ;
Γιοῦ κὰν τράη μη φὸρ ἐ γουήκ.
Ἄη ντόουν-τ νόου δὶς ντζὸμπ μπὰτ άη θὶνκ ἄη σὰλ μάνιντζ ιτ σούν

Ἄη άμ ἀφρέηντ ἄη χὰβ νόου ρηκομενντέησινζ μπηχὸζ ίτ ίζ δὲ φέεστ τάημ ἄη γκὲτ ἐ ντζὸμπ ἴν γιόσ κάντρυ.
Ἄη κὰν γουὲκ ἀζ ἐν ἀπχόλσταρα (τέενα κάπεντα, χοουτὲλ-κηήπα, μπέηκα, φοτογκράφα, κονφέκσονα).

Κομέεσλ - κονβεσέησν

Ἄη ἔμ ἐ μέετσαντ.
Ἄα γιού ἐ μανιουφακτσάρα ;

I am interested in your goods.

Where is the Director's Office?

Have you large quantities in stock?

I am interested in a large quantity.

The price is not satisfactory.

The merchandise in not good.

I would like to see Mister....

My name is.. .and I come from Athens (London).

I have done business with your firm for many years.

I would like to collaborate with you for the first time

For reference you can apply to all Banks of Greece.

I also do business with foreign firms.

My previous order was not executed exactly.

Endiaférome dià tó embórevmá sas.

Pu íne tó grafío tu diefthindú?

échete megáli apothíki?

Mé endiaféri megáli possótis.

I timí dén íne ikanopiitikí.

Dén íne kaló tó embórevma.

Thá íthela tón kírio. . .

Onomázome. . . . ké íme apó tín Athína (Londíno).

Ergázome chrónia me tòn (ko sas).

Thá íthela ná synergasthúme diá prórin forán

Diá pliroforías mboríte ná apefthinthíte sé óles tís trápezes tís elládos.

Ergásome epíssis mé tkus tu exoterikú.

I proiguméni mu parangelía dén exetelésthi epakrivós.

Ἐνδιαφέρομαι διὰ τὸ ἐμ-
πόρευμά σας.

Ποῦ εἶναι τὸ Γραφεῖον τοῦ
Διευθυντοῦ;

Ἔχετε μεγάλη Ἀποθήκη;

Μὲ ἐνδιαφέρει μεγάλη πο-
σότης.

Ἡ τιμὴ δὲν εἶναι ἱκανο-
ποιητική.

Δὲν εἶναι καλὸ τὸ ἐμπό-
ρευμα.

Θὰ ἤθελα τὸν κύριο....

Ὀνομάζομαι ..... καὶ εἶ-
μαι ἀπὸ τὴν Ἀθήνα —
(Λονδῖνο).

Ἐργάζομαι χρόνια μὲ τὸν
οἶκο σας.

Θὰ ἤθελα νὰ συνεργα-
σθοῦμε διὰ πρώτην φο-
ράν.

Διὰ πληροφορίες μπορεῖτε
νὰ ἀπευθυνθῆτε σὲ ὅλες
τὶς Τράπεζες τῆς Ἑλ-
λάδος.

Ἐργάζομαι καὶ μὲ οἶκους
τοῦ Ἐξωτερικοῦ.

Ἡ προηγουμένη μου πα-
ραγγελία δὲν ἐξετελέ-
σθη ἐπακριβῶς.

Ἄη ἄμ ἤντερεστιντ ιν γιὸο
γκούντζ.

Γουέαρ ιζ δὲ νταηρέκταζ
ὄφις;

Χάβ γιοῦ λάαντζ κουόντι-
τηζ ιν στοχ;

Ἄη ἄμ ἴντερεστιντ ιν ε
λάαντζ κουὸντιτυ

Δὲ πρὰης ιζ νὸτ σατισφά-
κτορυ.

Δὲ μέτσανντὰηζ ιζ νοτ
γκούντ.

Ἄη γοὺντ λάηκ του σήη
μίστερ...

Μάη νέημ ιζ...ἔντ ἄη κὰμ
φρὸμ Ἀθενζ.(Λάν-ντον)

Ἄηχάβ ντὰν μπίζνες γουὶδ
γιόο φέεμ φο μένυ γίαζ.

Ἄη γοὺντ λάηκ τοῦ κο-
λαμπορέητ γουὶδ γιοῦ
φὸ δὲ φέεστ τάημ.

Φο ρέφερενς γιοῦ κὰν α-
πλάη τοῦ ὸλ μπάνκς οβ
γκρήης.

Ἄη όλσοου ντοῦ μπίζνες
γουὶδ φόρην φέεμζ.

Μάη πρήβιας ὀοντα γουοζ
νὸτ ἐξεκιοῦτιντ ἰγκζά-
κτλυ.

My previous order delayed too long.

What is your last price F.O.B. or C.I.F?

What discount will you grant me on the price?

What credit will I have ?

I would like a larger credit.

When will the goods be delivered?

Can't it be delivered sooner?

Packing must be better because last time we had damage because of it.

At the Grocer's

How much is a kilo of cheese (Turkish cheese, Swiss cheese, olives, macaroni rice, noodles?

I would like each article separately.

Kathystérisse polí i proiguméni mu paragelía.

Pía i teleftéa sas timi fomb i tsíf?

Tí ékptossi thá mú kámete epí tí timís?

Tí pístossis thá gíni?

Thá íthela megalíteri pístossi.

Póte thá apostalí tó embórevma ?

Den borí na stalí grigorótera ;

I syskevassía ná íne pió kalí dióti tín proiguméni forá íchame zimíes éneka tís syskevassías.

is to pantopolíon

Pósso kostísi éna kiló tyrí, (kasséri, graviéra, eliès, makarónia, rízi, chylopítes?)

Thá íthela horistá tó káthe ídos.

Καθυστέρησε πολὺ ἡ προ-
    ηγουμένη μου παραγγε-
    λία.
Ποιά ἡ τελευταία σας τι-
    μὴ ΦΟΜΠ ἢ ΤΣΙΦ ;
Τί ἔκπτωσι θὰ μοῦ κάνετε
    ἐπὶ τῆς τιμῆς;

Τί πίστωσις θὰ γίνη;

Θὰ ἤθελα μεγαλύτερη πί-
    στωσι.
Πότε θὰ ἀποσταλῆ τὸ ἐμ-
    πόρευμα ;
Δὲν μπορεῖ νὰ σταλῆ γρη-
    γορότερα;
Ἡ συσκευασία νὰ εἶναι
    πιὸ καλὴ διότι τὴν προ-
    ηγουμένη φορὰ εἴχαμε
    ζημίες ἕνεκα τῆς συ-
    σκευασίας.

Εἰς τὸ παντοπωλεῖον

Πόσο κοστίζει ἕνα κιλὸ
    Τυρί, (Κασσέρι, Γρα-
    βιέρα, Ἐληές, Μακαρό-
    νια Ρύζι, Χυλόπιττες;)
Θὰ ἤθελα χωριστὰ τὸ κά-
    θε εἶδος.

Μάη πρήβιας ὀοντα ντηλέ-
    ηντ τοῦ λόνγκ.

Γουὸτ ἲζ γιοο λάστ πράης
    φὸμπ ὀ τσίφ.
Γουὸτ ντισκάουντ γουὴλ
    γιοῦ γκρὰντ μὴ ὂν δὲ
    πράης ;
Γουὸτ κρέντιτ γουὴλ ἅη
    χάβ ;
Ἄη γοὺντ λάηκ ἐ λάαντζα
    κρέντιτ.
Γουὲν γουὴλ δὲ γκοὺντζ
    μπὴ ντελίβαντ ;
Κάαντ ἰτ μπὴ ντελίβαντ
    σούνα ;
Πάκινκ μάστ μπὴ μπέττα
    μπηκὸζ λὰστ τάημ γουὴ
    χὰντ ντάμιντζ μπηκὸζ
    ὂβ ἴτ.

Ἀτ δὲ γκρόουσαζ

Χάου μὰτσ ἰζ ἐ κίλοου οβ
    τσήηζ, (τέεκισ τσήηζ,
    σοὺὶς τσήηζ, ὄλιβζ, μα-
    καρόνι, ῥάις, νούντλζ.)
Ἅη γοὺντ λάηκ ἠτσ ἅα-
    τικλ σέπαρετλυ.

Have you sealed olive oil, (vinegar, salt, mustard)?

I would like some eggs.

Give me a lemon and some pepper, please

Give me a kilo of beans half a kilo of lentils.

I also want 3 kilos of soap one kilo of butter.

Give me 2 tins of milk, half a kilo of tea and an envelope of coffee.

Mípos échete sfragisméno ládi, (xidi, aláti, mustárda)?

Thá íthela meriká avga.

Mu dínete éna lemóni ké lígo pipéri, parakaló.

Dóste mu éna kiló fassólia, ké missó kiló fakés.

Akóma thélo tria kilá sapùni, éna kiló vutiro.

Dóste mu dío kutiá gála, missó kiló tsái, ke éna fakeláki kafé.

At the Butcher's

Kreopolíon

I would like a kilo of beef.

Give me two kilos of veal.

I also want mutton.

Give me a kilo of liver.

Is the meat tender?

Have you mutton legs

I want a mutton head.

Have you chicken?

How much is the kilo?

Thá íthela óna kiló kreas vodinó.

Mu dínete dío kilá kréas moscharissio.

Epíssis thélo arní.

Mu dínete èna kilo sykóti.

íne siteméno tó kréas?

Mípos échete podarákia arníssia?

Thèlo éna kefalaki arníssio.

Mípos échete kotópula?

Pósso échi tó kiló?

Μήπως ἔχετε σφραγισμένο
λάδι, (ξύδι, ἁλάτι,
μουστάρδα);
Θὰ ἤθελα μερικὰ αὐγά.
Μοῦ δίνετε ἕνα λεμόνι
καὶ λίγο πιπέρι, παρα-
καλῶ;
Δῶστε μου ἕνα κιλὸ φα-
σόλια καὶ μισὸ κιλὸ φα-
κές.
Ἀκόμα θέλω 3 κιλὰ σα-
πούνι, ἕνα κιλὸ βούτυ-
ρο.
Δῶστε μου 2 κουτιὰ γάλα,
1/2 κιλὸ τσάι καὶ 1 φα-
κελλάκι καφέ.

Κρεοπωλεῖον
Ἤθελα ἕνα κιλὸ κρέας,
βωδινό.
Μοῦ δίνετε δύο κιλὰ κρέας
μοσχαρίσιο.
Ἐπίσης θέλω ἀρνί.
Μοῦ δίνε ἕνα κιλὸ συκότι.
Εἶναι σιτεμένο τὸ κρέας;
Μήπως ἔχετε ποδαράκια
ἀρνίσια;
Θέλω ἕνα κεφαλάκι ἀρνί-
σιο.
Μήπως ἔχετε κοτόπουλα;
Πόσο ἔχει τὸ κιλό;

Χὰβ γιοῦ σήηλντ ὅλιβ ὅηλ
(βίνεγκα,σόλτ, μάσταντ);

Ἄη γοὺντ λάηκ σὰμ ἔγκζ.
Γκὶβ μὴ ἐ λέμον ἔντ σὰμ
πέπα, πλήῆζ.

Γκὶβ μὴ ἐ κίλοου ὀβ μπ.,-
ηνζ ἐντ χὰφ ἐ κίλοου
οβ λέντιλζ.
Ἄη ὅλσοου γουόντ θρήη
κίλοουζ ὅβ σόουπ,γουὰν
κιλόου οβ μπάττα.
Γκὶβ μη τοὺ τινζ ὀβ μίλκ,
χὰφ ε κίλοου ὀβ τήη ἔντ
ἐν ἐνβελοουπ ὅβ κόφη.

ἀτ δὲ μποῦτσαζ
Ἄη γοὺντ λάηκ ἐ κίλοου
οβ μπήηφ.
Γκὶβ μὴ τοῦ κίλοουζ ὀβ
βήηλ.
Ἄη ὅλσοου γουόντ μάτν.
Γκὶβ μη ε κίλοου οβ λίβα.
Ἰζ δε μήητ τέν-ντα;
Χὰβ γιοὺ μὰτν λέγκζ;

Ἄη γουόντ ε μὰτν χέντ.
Χὰβ γιοὺ τσήκιν.
Χάου ματσ ἰς δὲ κίλοου;

At the Green-Grocer's Fruiterer's

Please, have you fruit ?
I want a melon (a water-melon).
I also want a kilo of pears, a kilo of peaches, a kilo of apples, two kilos of cherries.
Have you vegetables?

Give me, please, one kilo of each of the follo-wing: peas, cabbage, spinage, cauliflower, vegetable marrows, po-tatoes, aubergines.
I also want for salad: to-matoes, little cucum-bers, olives, celery, o-nions, garlic, beet — roots, artichokes, en-dives.

Wine - Shop

What wines have you, please?
Have you white brandy ?
Have you resinated wine ?

Lachanopolíon - Oporopolion

Parakaló échete frúta?
Thélo éna pepóni, (éna karpúzi).
Epíssis thélo éna kiló a-chládia, éna kiló rodá-kina, éna kiló míla, dío kilá kerássia.
échete lachaniká ?

Dóste mu parakaló apó é-na kiló mbisélia, lácha-na, karóta, spanáki, ku-nupídi, kolokithákia, patátes, melitzánes.

Epíssis thélo giá saláta .
domátes, angurákia, eliés, sélino, kremídia, skórda, pantzária, angi-náres, andídia.

Potopolíon

Tí potá échete parakaló?

Mípos éckete Oúzo; échete retsína ?

Λαχανοπωλεῖον-
Ὀπωροπωλεῖον

Παρακαλῶ, ἔχετε φροῦτα;
Θέλω ἕνα πεπόνι, (ἕνα
καρπούζι.)
Ἐπίσης θέλω ἕνα κιλὸ
ἀχλάδια, ἕνα κιλὸ ροδά-
κινα, ἕνα κιλὸ μῆλα,
δύο κιλὰ κεράσια.

Ἔχετε Λαχανικά;
Δῶστε μου, παρακαλῶ, ἀ-
πὸ ἕνα κιλὸ μπιζέλια,
λάχανο, καρότα, σπα-
νάκια, κουνουπίδι, κο-
λοκύθια, πατάτες, με-
λιτζάνες.

Ἐπίσης θέλω γιὰ σαλάτα:
ντομάτες, ἀγγουράκια,
ἐληές, σέληνο, κρεμ-
μύδια, σκόρδα, παντζά-
ρια, ἀγγινάρες, ἀντί-
δια.

Ποτοπωλεῖον

Τὶ ποτὰ ἔχετε; παρακαλῶ;

Μήπως ἔχετε Οὖζο,

Ἔχετε Ρετσίνα;

Ἀτ δὲ γκρήην γκρόου-
σαξ-φρούταραξ

Χάβ γιου φρούτ, πλήῃξ;
Ἄη γουὸντ ε μέλον (ε
γουότα-μέλον)
Ἄη όλσοου γουὸντ ε κί-
λοου όβ πέαξ, ὲ κίλοου
όβ πῆτσιξ, ὲ κίλοου όβ
άπλξ, τοῦ κίλοουξ οφ
τσέρηξ.
Χάβ γιου βέντζιταμπλξ;
Γκὶβ μη πλήῃξ γουὰν κί-
λοου οβ ητσ οβ δὲ φό-
λοουηνκ : πήῃξ, κάμπ-
ηντξ, κάροτς, σπήνιντξ,
κολιφλάουα, βεντζιταμ-
πλμάροουξ, ποτέητοουξ,
όουμπετζήηνξ.
Ἄη όλσοου γουόντ φὸ
σάλαντ: τομάτοουξ, λιτλ
κιούκαμπαξ, όλιβξ, σέ-
λερυ, ἀνίονξ, γκάαλιχ,
μπήητ-ρουτς, ἀατιτσο-
ουκς, έννταηβξ.

Γουάην σόπ

Γουὸτ γουάηνξ χάβ γιου,
πλήῃξ;
Χάβ γιοῦ γουάηητ μπράντυ
(οὖζο);
Χαβ γιοῦ ρεζινάητιντ γου-
άην

I would like some Rhine wine.	Thá íthela lígo krassí Rínu.
I also want three bottles of Beer.	Epíssis thélo trís fiáles mbíra.
Give me also one case of bottles of soda.	Dóste mu ké mía kássa sóda.

At the fishmonger's

Ichtiopolíon

Have you fresh fish?	Echete fréska psária?
I want one kilo of red— mullets.	Tha íthela éna kiló barbúnia.
How much is the kilo of soles ?	Pósso to kilò í glósses?
I want a kilo of gudgeons.	Thélo éna kiló kefalópula.
Have you doradoes?	Mípos échete tsipúres?

Colours - Shapes

Chrómata – Scímata

How many kinds of colour have you?	Pósson idón chrómata échete ?
Have you the bassic colours ?	'Echete tá vassiká chrómata?
I would like white, red, black.	Egó thà íthela áspro, kókino, mávro.
You want green.	Essí thélis tò prássino.
While she wanted yellow and blue.	Enó ekíni íthele to kítrino ke blé.
Grey, orange.	Grízo, portocalí.
Square, round.	Tetrágono, strongiló.
Triangle.	Trígono.
Cube.	Kívos.

Θὰ ἤθελα λίγο κρασὶ Ρή-
νου.
Ἐπίσης θέλω τρεῖς φιάλες
μπῦρα.
Δῶστε μου καὶ μία κάσα
σόδα.

Ἰχθυοπωλεῖον

Ἔχετε φρέσκα ψάρια ;
Θὰ ἤθελα ἕνα κιλὸ μπαρ-
μπούνια.
Πόσο τὸ κιλὸ οἱ γλῶσσες ;

Θέλω ἕνα κιλὸ κεφαλόπου-
λα.
Μήπως ἔχετε τσιποῦρες;

Χρώματα - Σχήματα

Πόσων εἰδῶν χρώματα ἔ-
χετε;
Ἔχετε τὰ βασικὰ χρώμα-
τα ;
Ἐγὼ ἤθελα ἄσπρο, κόκ-
κινο, μαῦρο.
Ἐσὺ θέλεις τὸ πράσινο.
Ἐνῶ ἐκείνη ἤθελε τὸ κί-
τρινο καὶ μπλέ.
Γκρίζο, πορτοκαλλί.
Τετράγωνο, στρογγυλό.
Τρίγωνο.
Κύβος.

Ἄη γοὺντ λάηκ σὰμ ράην
γουάην.
Ἄη ὄλσοου γουὸντ θρὴ
μπότλζ ὸβ μπήα.
Γκὶβ μη ὄλσοου ἐ κέης ὸβ
μπότλζ ὸβ σόουντα.

Ἄτ δε φισμάνγκαζ

Χὰβ γιοὺ φρὲσ φίσ;
Ἄη γουὸντ ἐ κίλοου ὸβ
ρὲντ μάλιτς.
Χάου μὰτσ ἰζ δὲ κίλοου οβ
σόουλζ.
Ἄη γουὸντ ἐ κίλοου οφ
γκάντζονζ.
Χὰβ γιοὺ ντορέηντοουζ;

Κάλαζ - σέηπς

Χάου μένυ κάηντζ ὸβ κά-
λα χὰβ γιού,
Χὰβ γιοὺ δὲ μπέησικ κά-
λαζ ;
Ἄη γουντ λάηκ γουάητ,
ρέντ, μπλάκ.
Γιοὺ γουὸντ γκρήν.
Γουάηλ σὴ γουόντιντ γέ-
λοου ἐντ μπλού.
Γκρέη, ὄριντζ.
Σκουέα, ράουν-ντ.
Τράηανγκλ.
Κιούμπ.

High or tall	Ypsiló.
Low or short	Kondó
Large	Platí
Narrow.	Stenó.
Wide.	Fardí.
Long.	Makrí.
Fat.	Pachí.
Thin	Adínato.
Parallelogram.	Parallilógramo.

Hollidays - Wishes

Giortés—Efchés

Chrismas.	Chistùgenna.
Merry Ghristmas.	Kalá Christùgenna.
Easter.	Páscha.
Good Easter.	Kaló Páscha.
Carnival.	Apokriés.
Lent.	Sarakostí.
Holy Week.	Megáli Evdomáda.
Birthday	Genéthlia.
Name day	Onomastiki eorti.
Many happy returns of the day.	Chronia polá
Happy New Year	Eftychisménos o kenúrgios chrónos.
May you be happy	Eftihisméni.
Congratulations.	Sygcharitíria.
See you again.	Kalí antámossi.
My condolences.	Sylipitíria.

Ὑψηλό.	Χάη - τόλ.
Κοντό.	Λόου - σόοτ.
Πλατύ.	Λαάντζ.
Στενό.	Νάροου.
Φαρδύ.	Γουάηντ.
Μακρύ.	Λόνγκ.
Παχύ.	Φάτ.
Λεπτό.	Θίν.
Παραλληλόγραμμο.	Παραλέλογκραμ.

Γιορτὲς - εὐχὲς	*Χολιντέηζ - γουήσιζ*
Χριστούγεννα.	Κρίστμας.
Καλὰ Χριστούγεννα.	Μέρυ κρίστμας.
Πάσχα.	Ἤστα.
Καλὸ Πάσχα.	Γκοὺντ ἤστα.
Ἀποκρηές.	Κάρνιβαλ.
Σαρακοστή.	Λέντ.
Μεγάλη Ἑβδομάδα.	Χόουλυ γουήκ.
Γενέθλια.	Μπέθντεη.
Ὀνομαστικὴ ἑορτή.	Νέημντεη.
Χρόνια πολλά.	Μένυ χάπυ ρητένζ οβ δὲ ντέη.
Εὐτυχισμένος ὁ Καινούρ- γιος Χρόνος.	Χάπυ νιοῦ γήα.
Εὐτυχισμένοι.	Μέη γιοῦ μπὴ χάπυ.
Συγχαρητήρια.	Κονγκρατσουλέησνζ.
Καλὴ Ἀντάμωσι.	Σή γιου αγκέν.
Συλλυπητήρια.	Μάη κοντόουλενσιζ.

Age	Ilikía
Three months, (eight months, ten months, eleven months, twelve months) old.	Trión minón, (októ minón, déka minón, éndeka minón, dódeka minón.)
One year, (ten years, twenty years, thirty years) old.	Enós étus, (déka etón, íkossi etón, triánda etón.)
I am twenty five years old.	´Ime íkossi pénde etón.
I was born in nineteen twenty nine.	Genníthika tó chilia enniakóssia íkossi ennéa.

The Seasons of the year

I Epochés tu étus

Winter.	Chimónas.
Spring.	Anixis
Summer.	Kalokéri.
Autumn.	Fthinóporo

Weather

Kerós

Cold.	Krío.
Warm.	Zésti.
Rain.	Vrochí
Snow.	Chióni.
Hail.	Chalázi.
Wind.	Anemos.

Points of the conpass

Simía tu orízontos

North.	Vorrás
South.	Nòtos.
East.	Anatolí.
West.	Díssis.

Ἡλικία — Ἔηντζ

Τριῶν μηνῶν, (ὀκτὼ μηνῶν, δέκα μηνῶν, ἔνδεκα μηνῶν, δώδεκα μηνῶν).
Θρὴ μάνθς, (ἔητ μάνθς, τὲν μάνθς, ἠλέβν μάνθς τουὲλβ μάνθς) όουλντ.

Ἑνὸς ἔτους, 10 ἐτῶν, 20 ἐτῶν, 30 ἐτῶν.
Γουὰν γήα, (τὲν γήαζ, τουέντη γήαζ, θέετη γήαζ) όουλντ.

Εἶμαι 25 ἐτῶν.
Γεννήθηκα τὸ 1929.
῎Αη γουὸζ μπόον ιν ναηντὴν τουέντη νάην

Οἱ ἐποχὲς τοῦ ἔτους — Δὲ σήζνζ όβ δὲ γήα

Χειμώνας. — Γουΐντα
῎Ανοιξη. — Σπρίνκ
Καλοκαίρι. — Σάμα
Φθινόπωρον. — Ότομ

Καιρὸς — Γουέδα

Κρύο — Κόουλντ
Ζέστη. — Γουὸμ
Βροχή. — Ρέην
Χιόνι. — Σνόου
Χαλάζι. — Χέηλ
῎Ανεμος — Γουήννττ

Σημεῖα τοῦ ὁρίζοντος — Πόηντς οβ δὲ κάμπας

Βορρᾶς. — Νόοθ
Νότος. — Σάουθ
Ἀνατολή. — ῎Ηστ
Δύσις. — Γουέστ

Numbers   Aritmí

Numbers	Aritmí
Zero – One.	Midén, éna.
Two.	Dío.
Three.	Tria.
Four.	Téssera.
Five.	Pénde.
Six.	éxi
Seven.	Eptá.
Eight.	Októ.
Nine.	Ennéa.
Ten.	Déka.
Eleven.	éndeka.
Twelve.	Dódeka.
Thirteen.	Dekatría.
Fourteen.	Dekatéssera.
Fifteen.	Dekapénde
Sixteen	Dekaèxi.
Seventeen.	Dekaeptá.
Eighteen.	Dekaoktó.
Nineteen.	Dekaennéa.
Twenty.	íkossi
Twenty-one.	Ikossiéna.
Twenty two.	Ikossidío.
Thirty.	Triánda.
Forty.	Saránda.
Fifty.	Penínda.
Sixty.	Exínda.
Seventy.	Evdomínda.
Eighty	Ogdónda.

'Αριθμοὶ	Νὰμ-μπαξ
Μηδὲν—Ἕνα.	Ζήροου-γουὰν
Δύο.	Τοὺ
Τρία.	Θρὴ
Τέσσερα.	Φόο
Πέντε.	Φάηβ
Ἕξη.	Σιξ
Ἑπτά.	Σέβν
Ὀκτώ.	Ἔητ
Ἐννέα.	Νάην
Δέκα.	Τὲν
Ἕνδεκα.	Ἡλὲβν
Δώδεκα.	Τουὲλβ.
Δέκα τρία.	Θετήν.
Δέκα τέσσερα.	Φοτὴν
Δεκαπέντε.	Φηφτὴν
Δεκαέξη.	Σιξτὴν
Δεκαεπτά.	Σέβντὴν
Δεκαοκτώ.	Ἔητὴν
Δέκαεντέα.	Νάηντὴν
Εἴκοσι.	Τουέντη
Εἰκοσιένα.	Τουέντη·γουὰν
Εἰκοσιδύο.	Τουέντη·τοῦ
Τριάντα.	Θέτη
Σαράντα.	Φότη
Πενῆντα	Φίφτη
Ἑξῆντα.	Σίξτη
Ἑβδομῆντα.	Σέβντη
Ὀγδόντα.	Ἔητη

Ninety.	Ennenínda.
A Hundred.	Ekató.
Two hundred.	Diakóssia.
Three hundred.	Triakóssia.
Four hundred.	Tetrakóssia.
Five hundred.	Pendakóssia.
Six hundred.	Exakóssia.
Seven hundred.	Eptakóssia.
Eight hundred.	Oktakóssia
Nine hundred.	Enniakóssia
A Thousand—Ten thousand.	Chília, Déka chiliádes.
A hundred thousand.	Ekató chiliádes.
Five hundred thousand.	Pentakósies chiliádes.
A Million.	éna ekatommirion.
Half·whole.	Missó, olókliro.
A Quarter.	Tétarto.
First, second, third.	Prótos, défteros, trítos.
Fourth.	Tétartos.
Fifth.	Pémptos.
Sixth, seventh, eighth, ninth,	éktos, évdomos ógdoos, énnatos.
Tenth.	Dékatos.
Eleventh, twelfth.	Endékatos, dodékatos.
Thirteenth, fourteenth.	Dékatos trítos, dékatos tétartos.
Fifteenth, sixteenth.	Dékatos pémptos, dékatos éktos.

Ἐνενῆντα.	Νάηντη.
Ἑκατό.	Ε Χανντρίντ.
Διακόσια.	Τοὺ χάνντριντ
Τριακόσια.	Θρὴ χάνντριντ.
Τετρακόσια.	Φοο χάνντριντ.
Πεντακόσια.	Φάηβ χάνντριντ.
Ἑξακόσια.	Σίξ χάνντριντ
Ἑπτακόσια.	Σέβν χάνντριντ
Ὀκτακόσια.	Ἔητ χάνντριντ
Ἐννεακόσια.	Νάην χάνντριντ.
Χίλια—Δέκα Χιλιάδες.	Ἑ θάουζεννt—τὲν θάου-ζεν·ντ.
Ἑκατὸ χιλιάδες.	Ε χάνντριντ θάουζεννt
Πεντακόσιαι χιλιάδες.	Φάηβ χάνντριντ θάουζεννt
Ἕνα ἑκατομμύριο.	Ἑ μίλιον
Μισὸ—ὁλόκληρο.	Χὰφ·χόουλ
Τέταρτο.	Ε κουότα.
Πρῶτος, δεύτερος, τρίτος,—η,—ον.	Φεεστ, σέχνντ, θέντ
Τέταρτος.	Φὸθ
Πέμπτος.	Φἰφθ
Ἕκτος, ἕβδομος, ὄγδοος, ἔνατος.	Σίξθ, σέβνθ, ἑητθ, νάηνθ
Δέκατος.	Τὲνθ
Ἐνδέκατος, δωδέκατος.	Ἠλέβνθ, τουέλφθ
Δέκατος τρίτος, δέκατος τέταρτος.	Θετή νθ, φοτήνθ
Δέκατος πέμπτος, δέκατος ἕκτος.	Φιφτήνθ, σιξτήνθ

Seventeenth, eighteenth.	Dékatos évdomos, déka-tos ógdoos.
Nineteenth.	Dékatos énnatos.
Twentieth	Ikostós.
Thirtieth	Triakostós.
Fortieth.	Tessarakostós.
Fiftieth.	Pendikostós.
Sixtieth.	Exíkostós.
Seventieth	Evdomikostós.
Eightieth.	Ogdoikostós.
Ninetieth.	Evenikostós
Hundredth.	Ekatostós.
Thousandth.	Chiliostós.
A Dozen	Dodekáda.

The Hour—Days Months—Year

I ´Ora—Méres Mínes—Chrónos

One minute.	éna leptó.
Five minutes.	Pénde leptá
Half an hour.	Missí óra
One hour.	Mía óra
A quarter.	éna tétarto.
Twenty four hours.	Dódeka í óra
A day.	Ikossitetráoro.
A week	Mía evdomáda
A month.	´Enas minas.
A Year.	´Enas chrónos
January.	Ianuários
February.	Fevruários.

Δέκατος ἕβδομος, Δέκατος
   ὄγδοος.
Δέκατος ἔννατος.
Εἰκοστός.
Τριακοστός.
Τεσσαρακοστός.
Πεντηκοστός.
Ἐξηκοστός.
Ἑβδομηκοστός.
Ὀγδοηκοστός.
Ἐνενηκοστός.
Ἑκατοστός.
Χιλιοστός.
Δωδεκάδα.

Σέβντήνθ, ἐητήνθ.

Ναηντήνθ.
Τουέντιεθ.
Θέτιεθ.
Φότιεθ.
Φίφτιεθ.
Σίξτιεθ.
Σέβντιεθ.
Ἔητιεθ.
Ναήντιεθ.
Χάντριντθ.
Θάουζαν-ντθ.
Ε ντάζν.

Ἡ ὥρα - ἡμέρες μῆνες - χρόνος

Ἕνα λεπτό.
Πέντε λεπτά.
Μισὴ ὥρα.
Μία ὥρα.
Ἕνα τέταρτο.
Δώδεκα ἡ ὥρα.
Εἰκοσιτετράωρο.
Μία ἡμέρα.
Μία ἑβδομάδα.
Ἕνας μῆνας.
Ἕνας χρόνος.
Ἰανουάριος.
Φεβρουάριος.

Δη άουα – ντέηζ μάνθς - γήα

Γουὰν μίνιτ.
Φάηβ μίνιτς.
Χὰφ εν άουα.
Γουὰν άουα.
Ε κουότα.
Τουὲλβ ο κλόκ.
Τουέντη φὸρ άουαζ.
Ε ντέη.
Ε γουήκ.
Ε μάνθ.
Ε γήα.
Ντζάνιουαρη.
Φέμπρουαρη.

English	Greek
March.	Mártios.
April.	Aprílios.
May.	Máios.
June.	Iúnios.
July.	Iúlios.
August.	Avgustos.
September.	Septémvrios.
October.	Októvrios.
November.	Noémvrios.
December.	Dekémvrios.
What time is it?	Tí óra íne?
The time is one o' clock.	I óra íne mía.
The time is two o' clock.	I óra íne dío.
The time is three o' clock.	I óra ine trís.
The time is half past four.	I óra ine tésseres ke missi.
The time is half past five.	I óra ine pénde ke missí.
The time is half past six.	I óra íne éxi ke missí.
The time is a quarter past seven.	I óra íne eptá ke tétarto.
The time is a quarter to eight.	I óra íne oktò pará tétarto.
The time is a quarter to nine.	I óra íne ennéa pará tétarto.
The time is ten forty five.	l óra íne déka ké sarandapénde.
The time is eleven forty five.	l óra íne énteka ké sarandapénde.

Μάρτιος.
'Απρίλιος.
Μάϊος.
'Ιούνιος.
'Ιούλιος.
Αὔγουστος.
Σεπτέμβριος.
'Οκτώβριος.
Νοέμβριος.
Δεκέμβριος
Τὶ ὥρα εἶναι;
Ἡ ὥρα εἶναι μία.

Ἡ ὥρα εἶναι δύο.
Ἡ ὥρα εἶναι τρεῖς.
Ἡ ὥρα εἶναι τέσσερες καὶ μισή.
Ἡ ὥρα εἶναι πέντε καὶ μισή.
Ἡ ὥρα εἶναι ἕξη καὶ μισή.
Ἡ ὥρα εἶναι ἑπτὰ καὶ τέταρτον.
Ἡ ὥρα εἶναι ὀκτὼ παρὰ τέταρτον.
Ἡ ὥρα εἶναι ἐννέα παρὰ τέταρτον.
Ἡ ὥρα εἶναι 10.45΄
Ἡ ὥρα εἶναι 11.45΄

Μάατσ
Ἔηπριλ.
Μέη
Τζοὺν
Τζουλάη
Ὄγκαστ.
Σεπτέμ-μπερ
Οκτόουμπερ
Νοβέμ-μπερ
Ντισέμ μπερ.
Γουὸτ τάημ ἰζ ἰτ;
Δὲ τάημ ἰζ (ἢ ἰτ ἰζ) γουὰν ὀκλόκ.
Δὲ τάημ ἰζ τοῦ ὀκλόκ.
Δὲ τάημ ἰζ θρὴ ὀκλὸκ.
Δὲ τάημ ἰζ χὰφ πάστ φοο.

Δὲ τάημ ἰζ χὰφ πάστ φάηβ.

Δὲ τάημ ἰζ χὰφ πάστ σὴξ

Δὲ τάημ ἰζ ἑ κουότα παστ σὲβεν.

Δὲ τάημ ἰζ ἐ κουότα τοῦ ἔητ

Δὲ τάημ ἰζ ε κουότα τοῦ νάην
Δὲ τάημ ἰζ τὲν φόοτυ φάηβ
Δὲ τάημ ἰζ ἠλέβν φόοτυ φάηβ.

The time is five minutes past twelve.	I óra ine dódeka ké pénde leptá.
The time is ten minutes past one	I óra ine mía kè déka leptá.
The time is five minutes to two.	I óra ine dio parά pénde lepta.
The time is ten minutes to thee.	I óra ine tris parά déka leptá.
The time is ten minutes past three.	óra ine tris ké déka leptá.
The time is one minute past four.	I óra ine tésseres ké éna leptó.
The time is two minutes past five.	I óra íne pende ké dio leptá.
The time is one minute to six.	I óra ine éxi parά éna leptó.
The time is two minutes to seven.	I óra ine eptá parά dio leptá.

Family members

Ikogeniaká onòmata

Father.	Patéras.
Mother.	Mitéra.
Parents.	Γonis
Brother.	Adelfós.
Sister.	Adelfi.
Brothers.	Adélfia.
Woman women.	Yınéka.
Man—men.	´Andras.
Child – chidren.	Pedí – pediά.
Miss.	despinís.

Ἡ ὥρα εἶναι δώδεκα καὶ
πέντε λεπτά.

Ἡ ὥρα εἶναι μία καὶ δέκα
λεπτά.

Ἡ ὥρα εἶναι δύο παρὰ
πέντε λεπτά.

Ἡ ὥρα εἶναι τρεῖς παρὰ
δέκα λεπτά.

Ἡ ὥρα εἶναι τρεῖς καὶ δέ-
κα λεπτά.

Ἡ ὥρα εἶναι τέσσερες καὶ
ἕνα λεπτό.

Ἡ ὥρα εἶναι πέντε καὶ
δύο λεπτά.

Ἡ ὥρα εἶναι ἕξη παρὰ
ἕνα λεπτὸ.

Ἡ ὥρα εἶναι ἑπτὰ παρὰ
δύο λεπτά.

Δὲ τάημ ιζ φάηβ μίνιτς
παστ τουὲλβ

Δὲ τάημ ιζ τὲν μίνιτς πάστ
γουὰν

Δὲ τὰημ ιζ φάηβ μίνιτς
τοῦ τοῦ

Δὲ τάημ ιζ τὲν μίνιτς τοῦ
θρὴ

Δὲ τάημ ιζ τὲν μίνιτς πάστ
θρή

Δὲ τάημ ιζ γουὰν μίνιτ
πάστ φόο.

Δὲ τάημ ιζ τοῦ μίνιτς πάστ
φάηβ.

Δὲ τάημ ιζ γουὰν μίνιτ
τοῦ σήξ.

Δὲ τάημ ιζ τοῦ μίνιτς τοῦ
σέβν.

Οἰκογενειακὰ ὀνόματα

Πατέρας.
Μητέρα.
Γονεῖς.
Ἀδελφός.
Ἀδελφή.
Ἀδέλφια.
Γυναίκα — γυναῖκες.
Ἄνδρας — ἄνδρες.
Τὸ παιδί — παιδιὰ.
Ἡ Δεσποινίς.

Φάμιλυ μὲμ μπαζ

Φάδα
Μάδα
Πέαραν-τς
Μπράδα
Σίστα
Μπράδαζ
Γούμαν-γουήμην
Μὰν — μὲν
Τσάηλντ — Τσήλντρεν
Μις.

Mister.	Kyrios.
Lady (Mistress).	Kyria.
Maid	Ypiressía
Youg man.	Néos.
Young lady.	Néa.
Old man.	Géros
Old woman.	Griá.
Grand-Father.	Papùs.
Grand-Mother.	Giagiá.
Daughter.	Kóri.
Son.	Iós.
Husband-wife.	O sizigos—I sizigos.
Orphan.	Orfanós.
Father—in—law.	Petherós.
Mother—in—law.	Petherá.
Widower.	Chíros.
Widow.	Chíra.
Uncle.	Thíos.
Aunt.	Thía.
Nephew.	Anepsiós.
Niece.	Anepsiá.
Godfather.	Nunós.
Godmother.	Nuná.
Bridegroom.	Gamvrós.
Bride.	Nífi.
Twins	Tá Didyma.
Grand-Son.	Engonós.

Ὁ Κύριος.	Μίστερ.
Ἡ Κυρία.	Λέηντυ – (Μίσιζ).
Ὑπηρεσία.	Μέηντ.
Νέος.	Γιάνγχ μιάν
Νέα.	Γιὰνγχ λέηντυ.
Γέρος.	Ὄουλντ μαν.
Γρηά.	Ὄουλντ γούμαν.
Παππούς.	Γχρανφάδα
Γιαγιά.	Γχρανμάδα
Κόρη.	Ντώτα.
Γυιός.	Σάν.
Ὁ σύζυγος - Ἡ σύζυγος.	Χάζμπαν·ντ - γουάηφ
Ὀρφανός.	Ὀόφαν
Πεθερός.	Φάδαρινλὼ
Πεθερά.	Μάδαρινλὼ
Χῆρος.	Γουίντοουα
Χήρα.	Γουίντοου
Θεῖος.	Ἄνχλ.
Θεία.	Ἄαν-τ
Ἀνεψιός.	Νέβιου
Ἀνεψιά.	Νὴς
Νουνὸς.	Γχόντφαδα
Νουνά.	Γχόντμαδα
Γαμβρός.	Μπράηντγχρουμ
Νύφη.	Μπράηντ
Τὰ δίδυμα	Τουίνζ
Ἐγγονός.	Γχρὰν-σαν

Buses	Stà astikà leoforía
I would like to get the bus (and go) to the center of the city.	Tha íthela na páro to leoforío ke na katevó sto kéntro tís póleos.
Which bus must I get?	Pió leoforío prépi na páro?
Give me a ticket, please.	Dóste mu éna issitírio, parakaló.
I would like to go the Railway station.	Tha íthela na páo sto sidirodromikó stathmó.
Which bus shall I get to go to the harbour?	Pío leoforio tha páro giá na páo stò limáni?
How long is it to. . ?	Póssi óra íne i diadromí méchri... ?
How often is there a bus?	Káthe póssi óra échi leoforío?

A Doctor	Giatrós
Do you know a good doctor?	Mípos gnorízete kanéna kaló giatró ?
I suffer from my stomach.	Páscho apó to stomáchi mu.
I have a headache.	Ponái to kefáli mu.
My liver.	To sikíti mu.
I have rheumatism.	écho revmatismús.
I have a cold.	íme synachoménos.
I have influenza.	écho aríppi.

Στὰ Ἀστικὰ Λεωφορεῖα

Θὰ ἤθελα νὰ πάρω τὸ Λε-
ωφορεῖο γιὰ νὰ κατέβω
στὸ κέντρο τῆς πόλεως.
Ποιὸ λεωφορεῖο πρέπει νὰ
πάρω;
Δῶστε μου ἕνα εἰσιτήριο.
Θὰ ἤθελα νὰ πάω στὸ Σι-
δηροδρομικὸ σταθμό.
Ποιὸ λεωφορεῖο θὰ πάρω
γιὰ νὰ πάω στὸ λιμάνι;

Πόση ὥρα εἶναι ἡ διαδρο-
μὴ μέχρι...;
Κάθε πόση ὥρα ἔχει λεω-
φορεῖο;

Μπάσιζ

Ἄη γουντ λάηκ τοῦ γκὲτ
δὲ μπὰς τοῦ δὲ σέν·ταρ
ὸβ δὲ τάουν.
Γουὶτσ μπάς μάστ ἄη
γκετ;
Γκίβ μη ἐ τίκιτ πλήηζ.
Ἄη γουντ λάηκ τοῦ γκόου
τοῦ δε ρέηλγουέη στέησν
Γουίτσ μπὰς σαλ ἄη γκέτ
τοῦ γκόου τοῦ δὲ χάα·
μπα;
Χάου λονγκ ιζ ιτ τοῦ ....;

Χάου οφν ιζ δέαρ ἐ μπάς;

Γιατρὸς

Μήπως γνωρίζετε κανένα
καλὸ γιατρὸ;
Πάσχω ἀπὸ τὸ στομάχι
μου.
Πονάει τὸ κεφάλι μου.
Τὸ σηκώτι μου.
Ἔχω ρευματισμούς.
Εἶμαι συναχωμένος.
Ἔχω γρίππη.

Ντόκτα

Ντοῦ γιοῦ νόου ἐ γκοῦντ
ντόκτα;
Ἄη σάφα φρὸμ μάη στό·
μαχ.
Ἄη χὰβ ἐ χέντέηκ.
Μάη λήβα
Ἄη χὰβ ροὐματίζμ
Ἄη χὰβ ἐ κόουλντ.
Ἄη χαβ ινφλουένζα.

I have fever	écho piretò.
I am bleeding	écho emoragía.
Bladder	Kístis.
I have no appetite	Den écho òrexi.
I feel pain.	Ponò.
I have hernia	écho kíli.
My eye	To máti mu.
My ear	To aftí mu.
My nose	I míti mu.
My belly (abdomen)	I kiliá mu.
I have hemorrhoids	écho emoroίdes.
My ribs hurt me	Ponáne ta plevrá mu.
My bacbone (or spine)	I spondilikí mu stíli.
Shall I be operated on?	Tha káno enchirissi?
I don't see well.	Den vlépo kalá.
Eczema	ègsema.
Skin disease	Dermatikí páthissis.
I am sick	íme árostos.
I am not sick	Den íme árostos.
My hands are trembling.	Trémun ta chéria mu.
I feel very tired	Esthánome polí kurasménos.
Shall I come here again	Tha xanártho?
What medicine shall I take?	Tí fármaka tha pàro?
Prescription.	Syntagí.
What clinic shall I go to?	Se piá klinikí tha páo?

Ἔχω πυρετό.	Ἄη χὰβ φήηβα.
Ἔχω αἱμορραγία.	Ἄη ἄμ μπλήηντίγκ.
Κύστις.	Μπλάντα.
Δὲν ἔχω ὄρεξι.	Ἄη χὰβ νόου ἄπεταητ.
Πονῶ.	Ἄη φήηλ πέην.
Ἔχω κήλη.	Ἄη χὰβ (ἤ σαφα φρὸμ) χέ-
	νια.
Τὸ μάτι μου.	Μάη ἄη.
Τὸ αὐτί μου.	Μάη ἦα.
Ἡ μύτη μου.	Μάη νόουζ.
Ἡ κοιλιά μου.	Μάη μπέλυ (ἄμπντομεν)
Ἔχω αἱμόρροΐδες.	Ἄη χὰβ χέμορροηντζ.
Πονᾶνε τὰ πλευρά μου.	Μάη ρὶμπζ χέετ μη.
Ἡ σπονδυλική μου στήλη.	Μάη μπάκμπουνν.
Θὰ κάνω ἐγχείρησι;	Σὰλ ἄη μπὴ οπερέητιντ ον;
Δὲν βλέπω καλά.	Ἄη ντόουν-τ σὴ γουέλ.
Ἔκζεμα.	Ἔκζεμα.
Δερματικὴ πάθησις.	Σκὶν ντηζήηζ.
Εἶμαι ἄρρωστος.	Ἄη ἄμ σίκ.
Δὲν εἶμαι ἄρρωστος.	Ἄη ἄμ νὸτ σίκ.
Τρέμουν τὰ χέρια μου.	Μάη χάν-ντζ ἄα τρεμ-
	μπλίνγκ.
Αἰσθάνομαι πολὺ κουρα-	Ἄη φήηλ βέρυ τάιαντ.
σμένος.	
Θὰ ξανάρθω ;	Σὰλ ἄη κὰμ χήαρ αγκέν;
Τί φάρμακα θὰ πάρω;	Γουὸτ μέντισινζ σὰλ ἄη
	τέηκ.
Συνταγή.	Πρεσκρίπσν.
Σὲ ποιὰ κλινικὴ θὰ πάω ;	Γουὸτ κλίνικ σὰλ ἄη γκό-
	ου τοῦ ;

I am quite well	'Ime telíos kalá
I feel very well	Esthánome polí kalá.
I am pregnant	íme se endiaférus·a
I need a doctor	Thélo éna giatrò
A Pathologist (Internist)	Pathològo
A surgeon	Chirùrgo
A urologist	Urológo
Cardiologist.	Kardiológo
An otolarygologist	Otorinolarigológo
Stomachologist	Stomachológo
An oculist.	Ofthalmológo
Orthopedist	Orthopedikó
Anesthesiologist	Anesthisiológo
Physiotherapy	Fyssiotherapeftikí
A Neurologist	Nevrológo
A Psychiatrist	Psychiatros
A Gynecologist	Gynecológos
A Dermatologist.	Dermatológos
A specialist in venereal diseases	Afrodissiologos.
A Dentist.	Odontiatros.
Diarrhoea.	Diária.
Cough	Vichas
I am dizzy	Zalízome.
Wound.	Pligí

Είμαι τελείως καλά.	Άη ἄμ κουάιτ γουέλ.
Αἰσθάνομαι πολὺ καλά.	Άη φήηλ βέρυ γουέλ.
Είμαι σὲ ἐνδιαφέρουσα.	Άη ἄμ πρέγκναν-τ.
Θέλω ἕνα γιατρό.	Άη νὴντ ἐ ντόκτα.
Παθολόγο.	Ε παθόλοτζιστ.
Χειροῦργο.	Ε σέετζον.
Οὐρολόγο.	Ε γιουρόλοτζιστ.
Καρδιολόγο.	Ε καρντιόλοτζιστ.
Ὠτορυνολαρυγγολόγο.	Ἔν οτολαρινγκόλοτζιστ.
Στομαχολόγο.	Ε στοματόλοτζιστ.
Ὀφθαλμολόγο.	Ἔν ὀκιουλιστ.
Ὀρθοπαιδικό	Ορθοπήντιστ.
Ἀναισθησιολόγο.	Ανεσθησιόλοτζιστ.
Φυσιοθεραπευτική.	Φυσιοθέραπη.
Νευρολόγος.	Ε νιουρόλοτζιστ.
Ψυχίατρος.	Ε σαηχίατριστ.
Γυναικολόγος.	Ε τζυνεκόλοτζιστ.
Δερματολόγος.	Ε ντερματόλοτζιστ.
Ἀφροδισιολόγος.	Ε σπεσιαλιστ ιν βηνήριαλ ντηζήζης.
Ὀδοντίατρος.	Ε ντεν-τίστ.
Διάρροια.	νταηρία.
Βήχας.	κόφ
Ζαλίζομαι.	Άη αμ ντίζη.
Πληγή.	Γούν-ντ.

Corn.

My tooth hurts me.

What shall I eat ?

Everything.

How much do I owe you, please?

Is it anything serious, doctor?

A doctor, Professor at the University.

Please, quicky, an ambulance. My fried is wounded.

I am indisposed.

Please, make haste because he is in danger.

I don't know what exactly he has.

Kálos.

Ponái to dóndi mu.

Tí tha trógo?

Ap'óla.

Tí ofílo parakaló?

íne típota sovaró giatré ?

'Ena giatro, kathigití panepistimíu.

Parakaló, grígora éna forio aftokínito. échi travmatistí o filos mu.

íme adiáthetos.

Parakalò kánte grígora giatí kindinévi.

Den xévro tí akrivos échi.

Drugstore

Farmakíon

Please, can I have a medicine for headache?

For toothache, sore-throat.

A purgative.

A bandage.

Cotton–wool.

Pure alcohol.

Sas parakaló mboró na écho éna fármako giá kefalópono.

Già odondópono, lemópono.

Ena kathársio.

Ena epídesmo.

Vamváki.

Katharó inópnevma.

Κάλος
Πονάει τὸ δόντι μου.
Τὶ θὰ τρώγω;
Ἀπ' δλα.
Τὶ ὀφείλω παρακαλῶ;

Εἶναι τίποτε σοβαρό, για-
τρέ;
Ἕνα γιατρό, Καθηγητὴ
Πανεπιστημίου.
Παρακαλῶ γρήγορα ἕνα
φορεῖο αὐτοκίνητο. Ἔ-
χει τραυματισθῆ ὁ φί-
λος μου.
Εἶμαι ἀδιάθετος.
Παρακαλῶ, κάνετε γρήγο-
ρα, γιατὶ κινδυνεύει.
Δὲν ξέρω τὶ ἀκριβῶς ἔχει.

Φαρμακεῖον

Σᾶς παρακαλῶ, μπορῶ νὰ
ἔχω ἕνα φάρμακο γιὰ
κεφαλόπονο;
Γιὰ ὀδοντόπονο, λαιμόπο-
νο.
Ἕνα καθάρσιο.
Ἕνα ἐπίδεσμο
Βαμβάκι.
Καθαρὸ οἰνόπνευμα.

Κόον.
Μάη τοῦθ χέετς μη.
Γουὸτ σὰλ ἄη ἤτ ;
Ἐβριθινγκ.
Χάου μᾶτσ νιοῦ ἀη ὄου
γιου, πλήῃζ ;
Ἰζ ιτ ἔνηθινγκ σήριας, ντό-
κτα ;
Ε ντόκτα, προφέσα ἀτ ἐ
γιουνιβέεσιτυ.
Πλήῃζ, κουίκλυ, ἐν ἄμπι-
ουλανς. Μάη φρὲν-ντ ιζ
γούν-ντιντ.

Ἄη ἀμ ἰν-ντισπόουζντ.
Πλήῃζ μέηκ χέηστ μπηκὸζ
χή ιζ ἰν ντέηντζα.
Ἄη ντόουν-τ νόου γουὸτ
ηξάτλυ χή χάζ.

Ντράγκστόο

Πλήῃζ κὰν ἄη χὰβ ἐ μέν-
τισιν φόο χέντεηκ.

Φόο τοῦθέηκ—σόο θρόουτ.

Ε πέεγκατιβ.
Ε μπὰν-ντιντζ.
Κὸτν - γούλ.
Πίουαρ - ἄλκοχολ.

Plaster.	émblastron.
Can you fill this prescription for me?	Mu etimázete aftín tín syntagí?
When must I take the medicine?	Káthe póte prépi na pérno to fármako?
Before meals.	Prín apó to fagitó.
After meals.	Metá to fagitó.
I caught a cold.	íme kryoménos.
I have chilblains.	écho chionístres.
Have you a medicine for seasickness.	échete fármako giá tin naftía?
What is the price?	Pósso kostízi.
Have you a medicine for diarrhoea?	échete fármako giá tin diária?
Have you a medicine for constipaςion?	échete fármako giá tin dyskiliótita?

Dentist — Odondíatros

My tooth hurts me.	Ponái to dóndi mu.
It is bad.	íne kúfio.
It has to be pulled out.	Prépi na vgí.
It does not have to be pulled out.	Den prépi na vgí.
It has to be filled.	Prépi na sfragisthí.
It hurts me a lot.	Ponáo polí.
It does not hurt me.	Den ponáo.
I have a crown.	écho koróna.

Visiting a City Museum etc. — Epískepsis miás póleos - enós musssíu ké tà lipà

What are the sights?	Pía íne ta axiothéata?

Ἔμπλαστρον.

Μοῦ ἑτοιμάζεται αὐτὴν τὴν συνταγή ;

Κάθε πότε πρέπει νὰ παίρ- νω τὸ φάρμακο ;

Πρὶν ἀπὸ τὸ φαγητό;

Μετὰ τὸ φαγητό;

Εἶμαι κρυωμένος.

Ἔχω χιονίστρες.

Ἔχετε φάρμακο διὰ τὴν ναυτίαν;

Πόσο κοστίζει;

Ἔχετε φάρμακο διὰ τὴν διάρροιαν ;

Ἔχετε φάρμακο διὰ τὴν δυσκοιλιότητα;

Ὀδοντίατρος

Πονάει τὸ δόντι μου.

Εἶναι κούφιο.

Πρέπει νὰ βγῆ.

Δὲν πρέπει νὰ βγῆ.

Πρέπει νὰ σφραγισθῆ.

Πονάω πολύ.

Δὲν πονῶ.

Ἔχω κορώνα.

Ἐπίσκεψις μιᾶς πόλεως ἑνὸς Μουσείου κ.τ.λ.

Ποιὰ εἶναι τὰ ἀξιοθέατα;

Πλάστα

Καν γιοῦ φίλ δὶς πρεσκ- ρίπσν;

Γουὲν μᾶστ ἄη τέηκ δὲ μέντισιν ;

Μπιφὸρ μήηλζ;

Ἄφτα μήηλζ;

Ἄη κόοτ ἐ κόουλντ.

Ἄη χαβ τσίλμπλενζ.

Χὰβ γιου ἐ μέντισιν φόο σησίκνες.

Γουὸτ ιζ δὲ πράης;

Χάβ γιοῦ ἐ μέντισιν φόο νταηαρία.

Χὰβ γιου ἐ μέντισιν φόο κονστιπέησν

Ντέντιστ

Μάη τοῦθ χέτς μη.

Ιτ ίζ μπάντ.

Ἰτ χάζ τοῦ μπὴ πούλντ άουτ

Ἰτ ντάζ νὸτ χάβ τοῦ μπη πούλντ ἄουτ

Ἰτ χαζ τοῦ μπῆ φίλντ

Ιτ χέετς ελὸτ.

Ἰτ ντὰζ νότ χέετ μη.

Ἄη χὰβ ἐ κράουν.

Βίζιτινγκ ἐ σίτυ - ἐ μι- ουζίεμ ητσέτερα

Γουὸτ άα δὲ σάητς;

Where can we get a program from?

Apó pu mborùme na promithefthúme éna prógrama?

Are there antiquities?

Ypárchun archeótites?

Where is the Consulate?

Pu íne to proxeníon?

Where is the Embassy

Pu íne i presvía?

Is there a Police station?

Ypárchi astynomía?

Where is the Police?

Pu íne i astynomía?

Are there Museums?

Ypárchun mussía?

I want to visit Museums of Antiquities.

Thélo na episkefthó mussía archeotíton.

I would like to see an art Gallery.

Tha íthela na do mía pinakothíki.

Please, where is the Museum?

Parakaló pu vriskete to mussíon?

What time is it open?

Piés óres ine aniktó?

How much is the ticket?

Tí issitirio échi?

What is the river crossing the town?

Pió potámi íne aftó pu diaschísi aftín tin póli?

Who are the famous artists of the city?

Plí íne i pió xakustí kallitéchnes aftis tis póleos?

What famous things have you in your city?

Tí xakustá échete stin póli sas?

How many Museums are there?

Póssa mussia ipárchun?

Ἀπὸ ποῦ μποροῦμε νὰ προμηθευθοῦμε πρόγραμμα;

Ὑπάρχουν ἀρχαιότητες;

Ποῦ εἶναι τὸ Προξενεῖον;

Ποῦ εἶναι ἡ Πρεσβεία;

Ὑπάρχει Ἀστυνομία;

Ποῦ εἶναι ἡ Ἀστυνομία ;

Ὑπάρχουν Μουσεῖα ;

Θέλω νὰ ἐπισκεφθῶ Μουσεῖα Ἀρχαιοτήτων.

Θὰ ἤθελα νὰ ἰδῶ μίαν Πινακοθήκην.

Παρακαλῶ, ποῦ βρίσκεται τὸ Μουσεῖον ;

Ποιὲς ὧρες εἶναι ἀνοικτό ;

Τί εἰσιτήριο ἔχει ;

Ποιὸ ποτάμι εἶναι αὐτὸ ποὺ διασχίζει αὐτὴν τὴν πόλι;

Ποιοὶ εἶναι οἱ πιὸ ξακουστοὶ καλλιτέχνες αὐτῆς τῆς πόλεως;

Τί ξακουστὰ ἔχετε στὴν πόλι σας;

Πόσα Μουσεῖα ὑπάρχουν ;

Γούεα κὰν γουὴ γκὲτ ἐ πρόγκραμ φρέμ;

Ἅα δέα ἀντίκουιτιζ ;

Γουέαρ ἴζ δὲ κόνσουλατ;

Γουέαρ ἴζ δὴ ἔμπασυ;

Ἰζ δέαρ ἐ πολὶς στέησν;

Γουέαρ ἴζ δὲ πολίς ;

Ἅα δέα μιουζίεμζ;

Ἅη γουὸντ τοῦ βίζιτ μιουζίεμζ ὸβ ἀντίκουιτιζ.

Ἅη γοὺντ λάηκ τοῦ σὴ ἐν ἄατ γκάλερυ.

Πλήηζ, γουέαρ ἰζ δὲ μιουζίεμ;

Γουὸτ τάημ ἰζ ιτ ὄουπν ;

Χάου ματσ ἰζ δὲ τίκιτ ;

Γουὸτ ἰς δὲ ρίβα κρόσινγκ δὲ τάουν;

Χοῦ ἄα δὲ φέημας ἄατιστς ὸβ δὲ σίτυ;

Γουὸτ φέημας θίνγκς χὰβ γιοῦ ἰν γιδο σίτυ;

Χάου μένυ μιουζίεμζ ἄα δέα ;

Is there a big Museum in your city?

What artist flourished in your sity?

échi kanéna megálo mussío i póli sas?

Píi kallitéchnes íkmassan stín póli sas?

Conversation
Amusement

Sinomilía
Diaskédassis

Please, I would like to go to the Opera.

What is on?

I want to go to a good classic theater.

I want to see a light play to laugh.

Is there a cinema that has a Greek film on?

I would like to go to a dancing hall.

I would like to go to a club with variety-show. Not very expensive.

It is too expensive.

I would like a club with strip—tease.

Is there a concert · program for to - day?

Please, a ticket for the pit.

Parakaló tha íthela na páo stin ópera.

Tí érgo pézi?

Thélo ná páo sé éna kalò klassikò théatro.

Thélo na dò éna elafrò érgo già nà gelásso.

Ypárchi kinimatógrafos pu pézi ellinikó érgo?

Tha ithela na páo séna choreftikó kéndro.

Tha ithela éna kéndro mé numera, óchi poli akri· vó.

Aftó íne polí akrivó.

Tha íthela ná episcefthó éna kéndro me strip tease.

Mípos ipárchi prógramma synavlias già símera?

Parakalò éna issitírio pla- tías.

Ἔχει κανένα μεγάλο Μου-
σεῖο ἡ πόλι σας;
Ποιοὶ καλλιτέχνες ἤκμα-
σαν στὴν πόλι σας;

Συνομιλία
Διασκέδασις

Παρακαλῶ θὰ ἤθελα νὰ
πάω στὴν Ὄπερα.
Τὶ ἔργο παίζει;
Θέλω νὰ πάω σὲ ἕνα κα-
λὸ κλασσικὸ θέατρο.
Θέλω νὰ δῶ ἕνα ἐλαφρὸ
ἔργο γιὰ νὰ γελάσω.
Ὑπάρχει κινηματογράφος
ποὺ παίζει ἑλληνικὸ
ἔργο;
Θὰ ἤθελα νὰ πάω σ' ἕνα
χορευτικὸ κέντρο.
Θὰ ἤθελα ἕνα κέντρο μὲ
νούμερα, ὄχι πολὺ ἀκρι-
βό.

Αὐτὸ εἶναι πολὺ ἀκριβό.
Θὰ ἤθελα νὰ ἐπισκεφθῶ
ἕνα κέντρο μὲ στρὶπ τήζ.
Μήπως ὑπάρχει πρόγραμ-
μα συναυλίας γιὰ σή-
μερα;
Παρακαλῶ ἕνα εἰσιτήριο
πλατείας.

Ἰζ δέα έ μπὶγκ μιουζίεμ
ιν γιόο σίτυ;
Γουὸτ αάτιστς φλάριστ ιν
γιόο σίτυ;

Κονβεσέησν
ἀμιούζμεν·τ.

Πλήζ, ἄη γουντ λάηκ τοῦ
γκόου τοῦ δὴ ὄπερα.
Γουὸτ ιζ ον;
Ἄη γουὸν·τ τοῦ γκόου τοῦ
ὲ γκούντ κλάσικ θήετα..
Ἄη γουὸν·τ τοῦ σὴ ε λάητ
πλέη τοῦ λάφ
Ἰζ δέαρ ὲ σίνεμα δὰτ χὰζ
έ γκρήηκ φίλμ ὸν;

Ἄη γούντ λάηκ τοῦ γκό-
ου τοῦ ὲ ντάνσινγκ χὸλ.
Ἄη γούντ λάηκ τοῦ γκόου
τοῦ ὲ κλάμπ γουὶδ βα-
ράιετυ σοου. Νὸτ βέρυ
ἰξπένσιβ.
Ἰτ ιζ τοῦ ἰξπένσιβ.
Ἄη γούντ λάηκ τοῦ βίζιτ ὲ
κλάμπ, γουὶδ στρίπτηηζ.
Ἰζ δέα έ κόνσετ πρόγκραμ
φόο του ντέη;

Πλήζ έ τίκιτ φόο δε πίτ.

A table for three persons.	Ena trapézi già tría átoma.
I want seats in a Box.	Thélo theorío.
Can you give me a program?	Mù didete éna prógrama?
At what time does the show begin?	Tí óra archízi i parástassis akrivós?

Between lovers

Metaxi erastón

I would very much like to talk to you. Unfortunately I don't know your language well.	Tha íthela polí na sas milísso. Dystychós dén gnoríso kalà tín glóssa sas.
I am a foreigner.	íme xénos.
I would like us to keep company.	Tha íthela na kánume paréa mazí.
Will you be free to—morrow?	Tha ísthe ávrio eléftheri?
I liked you the first time I saw you.	Sas écho sumbathíssi apò tin próti stigmí pu sas ída.
I love you.	Sas agapó.
I can't find words to express what I am feeling.	Dén vrísko léxis na exoterikéfso aftò pu esthánome.
You have beautiful eyes.	échete oréa mátia.
You have a nice body.	échete oréo sóma.
I like you very much.	Mu aréssete polí.

῞Ενα τραπέζι γιὰ τρία ἄ-
τομα.
Θέλω θεωρεῖο.
Μοῦ δίδετε ἕνα πρόγραμ-
μα.
Τί ὥρα ἀρχίζει ἡ παρά-
στασις;

Μεταξὺ ἐρασιῶν

Θὰ ἤθελα πολὺ νὰ σᾶς μι-
λήσω. Δυστυχῶς δὲν
γνωρίζω καλὰ τὴν γλῶσ-
σα σας.

Εἶμαι ξένος.
Θὰ ἤθελα νὰ κάνουμε πα-
ρέα μαζί.

Θὰ εἶσθε αὔριο ἐλεύθερη;

Σᾶς ἔχω συμπαθήσει ἀπὸ
τὴν πρώτη στιγμὴ ποὺ
σᾶς εἶδα.
Σᾶς ἀγαπῶ.
Δὲν βρίσκω λέξεις νὰ ἐξω-
τερικεύσω αὐτὸ ποὺ αἰ-
σθάνομαι.
῞Εχετε ὡραῖα μάτια.
῞Εχετε ὡραῖο σῶμα.
Μοῦ ἀρέσετε πολύ.

῞Ε τάημπλ φοο θρὴ πέεσνζ.

῞Αη γουόν τ σὴτς ίν ἐμπόξ.
Κὰν γιοῦ γκὶβ μη ἐ πρόγ-
κραμ;
῞Ατ γουότ τάημ ντὰζ δὲ
σόου μπιγκίν;

Μπιτουὴν λάβαζ

῞Αη γοὺντ βέρυ μᾰτσ λάηκ
τοῦ τώκ τοῦ γιοῦ. ᾿Αν-
φόοτσουνατλυ ᾰη ντό-
ουν-τ νόου γίοο λάνγ-
κουιτζ γουέλ.
῞Αη αμ ἐ φόρινα.
῞Αη γουντ, λάηκ ας τοῦ
κὴπ κόμ-πανυ (ἢ μπὴ
φριέντζ).
Γουήλ γιοὺ μπὴ φρὴ του-
μόροου;
῞Αη λάηκτ γιοὺ δὲ φέεστ
τάημ ᾰη σὼ γιού.

῞Αη λὰβ γιού.
῞Αη κάν-τ φὰην-ντ γου-
ἐντζ τοῦ ίξπρὲς γουὸτ
ἀη ἀμ φήλινγκ.
Γιοῦ χὰβ μπιοῦτιφουλ ἀηζ.
Γιοῦ χὰβ ἐ νάης μπόντυ:
῞Αη λάηκ γιοῦ βέρυ μάτσ.

I am absolutely sincere	íme apòlyta ilikrinís.
You are very hard.	ísthe polí sklirí.
I am in love.	ime erotevménos.
I am in love.	íme erotevméni.
I am jealous of you.	Se zilévo.
I hate you.	Se missó.
I would like to know what you feel for me.	Tha íthela na xévro ti esthánesthe giá ména.
A small present.	éna mikrò dóro.
I will come to ask your hand from your parents	Tha értho na sas zitísso apó tus gonís sas.

Marriage Proposal

Prótassis gámou

As I really love you, I want you to be my wife.

Epidi pragmatiká sagapó thélo ná gínis gynéka mu.

What is your opinion about marriage? Would you like us to test by means of engagement?

Tí gnómi échis giá to gámo? Tha ítheles na do kimássume diá tu arravónos?

Do you think that we shall be happier if we get married?

Nomízis óti tha ímaste pió eftichís an pandreftúme?

How do you think I can make you happy?

Pos nomízis óti mboró na se kámo eftychisméni?

What is your opinion about marriage?

Ti gnómi échis giá to gámo?

Εἶμαι ἀπόλυτα εἰλικρινής.

Εἶσθε πολὺ σκληρή.
Εἶμαι ἐρωτευμένος.
Εἶμαι ἐρωτευμένη.
Σὲ ζηλεύω.
Σὲ μισῶ.
Θὰ ἤθελα νὰ ξέρω τί αἰσθάνεσαι γιὰ μένα.
Ἔνα μικρὸ δῶρο.
Θὰ ἔρθω νὰ σᾶς ζητήσω ἀπὸ τοὺς γονεῖς σας.

Πρότασις γάμου
Ἐπειδὴ πραγματικὰ σ' ἀγαπῶ θέλω νὰ γίνης γυναίκα μου.
Τί γνώμη ἔχεις γιὰ τὸ γάμο; Θὰ ἤθελες νὰ δοκιμάσουμε διὰ τοῦ ἀρραβῶνος;

Νομίζεις ὅτι θὰ εἴμασθε πιὸ εὐτυχεῖς ἂν παντρευθοῦμε;

Πῶς νομίζεις ὅτι μπορῶ νὰ σὲ κάνω εὐτυχισμένη; Τί γνώμη ἔχεις γιὰ τὸ γάμο;

Ἄη ἀμ ἀμπσολούτλυ σινσία.
Γιοῦ άα βέρυ χάαντ.
Ἄη ἀμ ἰν λάβ.
Ἄη ἀμ ἰν λάβ.
Ἄη ἀμ τζέλας ὂβ γιοῦ.
Ἄη χέητ γιοῦ.
Ἄη γοὺντ λάηκ τοῦ νόου γουὸτ γιοῦ φὴλ φὸ μή.
Ε σμὸλ πρέζεν-τ.
Ἄη γουὴλ κὰμ τοῦ άσκ γιόο χὰν-ντ φρὲμ γιόο πέαρεν-τς.

Μάριτζ προπόουζαλ
Ἀζ ἄη ρήαλυ λὰβ γιού, ἄη γουὸν-τ γιοῦ τοῦ μπὴ μάη γουάηφ.
Γουὸτ ἰζ γιὸρ ὀπίνιον ἀμπάουτ μάριτζ; Γοὺντ γιοῦ λάηκ ας τοῦ τὲστ μπάη μὴνζ ὂβ ενγκέητζμεν-τ;

Ντοῦ γιοῦ θὶνκ δὰτ γουὴ σὰλ μπὴ χάπιαρ ἰφ γουὴ γκὲτ μάρηντ;

Χάου ντοὺ γιοῦ θὶνκ ἄη κὰν μέηκ γιοῦ χάπυ; Γουὸτ ἰζ γιὸρ ὀπίνιον ἀμπάουτ μάρητζ;

I would like you to be my wife... Do you agree?	Thélo na se kámo gynéka mu. Symfonís?
As we are in love do you want us to set up our own home?	Mià ke agapiómaste thélis na kánume dikó mas spitikó?
Do you like children?	S' aréssun ta pediá?

Continents -Countries Capitals

'Ipiri – Chóres Protévusses

Europe.	Evrópi.
America.	Amerikí.
Asia.	Asía.
Africa.	Afrikí.
Oceania.	Okeanía.
Greece.	Hellás.
England.	Anglía.
Germany.	Germanía.
France.	Gallía.
Italy.	Italía.
Belgium.	Vélgion.
Switzerland.	Elvetía.
Sweden.	Suidía.
Norway.	Norvigía.
Finland.	Fillandía.
Denmark.	Danía.
Spain.	Ispanía.
Yugoslavia.	Jugoslavía.

Θέλω νὰ σὲ κάνω γυναίκα
μου... Συμφωνεῖς;

Μιὰ καὶ ἀγαπιώμαστε θέ-
λεις νὰ κάνουμε καὶ δι-
κό μας σπιτικό;

Σ᾽ ἀρέσουν τὰ παιδιά;

"Αη γουντ λάηκ γιου τοῦ
μπὴ μάη γιουάηφ. Νιοὺ
γιοῦ ἀγκρήη;

᾽Αζ γουὴ άα ιν λὰβ, ντοὺ
γιοῦ γουὸν-τ ας τοῦ
σέτ απ άουαρ δουν χδουμ;

Ντοῦ γιοῦ λάηκ τσίλντρεν;

"Ηπειροι - χῶρες - πρωτεύουσες

Κόντινεντς - Κάντριζ - Κάπιταλζ

Εὐρώπη.	Γιούροπ.
᾽Αμερική.	᾽Αμέριχα.
᾽Ασία.	"Εησα.
᾽Αφρική.	"Αφριχα.
᾽Ωκεανία.	Ὀσηάνια.
῾Ελλάς.	Γκρής.
᾽Αγγλία.	"Ηνγκλαν-ντ.
Γερμανία.	Τζέεμανυ.
Γαλλία.	Φράνς.
᾽Ιταλία.	"Ιταλυ.
Βέλγιον.	Μπέλτζιουμ.
῾Ελβετία.	Σουήτσελαντ.
Σουηδία.	Σουήντεν.
Νορβηγία.	Νόργουεη.
Φιλανδία.	Φίνλαντ.
Δανία	Ντένμαρχ.
῾Ισπανία.	Σπέην.
Γιουγκοσλαβία.	Γιουγκοσλάβια.

Rumania.	Rumanía.
Hungary.	Ungaría.
Austria.	Afstría.
Holland.	Ollandía.
Turkey.	Turkía.
Bulgaria.	Vulgaría.
Poland.	Polonía.
Tscechoslovakia.	Tsechoslovakía.
Soviet Union.	Sovietikí énossis.
United States of America.	Inoméne Politíe tis Amerikís.
Egypt.	Egyptos.
Canada.	Kanadás.
Latin America.	Latinikí Amerikí.
Athens.	Athíne.
Thessaloniki.	Thessaloníki.
London.	Londínon.
Berlin.	Verolínon.
Munich.	Mónachon.
Bonn.	Vónni.
Paris.	Paríssi.
Rome.	Rómi.
Milan.	Miláno.
Florence.	Florentía.
Venice.	Venetía
Copenhagen.	Kopenchági.
New York.	Néa Yórki.
Washington.	Uássinkton.
Moscow.	Móscha.

Ρουμανία.	Ρουμένια.
Οὑγγαρία.	Χάνγκερυ.
Αὐστρία.	Ὄστρια.
Ὁλλανδία.	Χόλαν-ντ.
Τουρκία.	Τέρκυ.
Βουλγαρία.	Μπουλγκέρια
Πολωνία.	Πόουλαν-ντ.
Τσεχοσλοβακία.	Τσεχοσλοβάκια.
Σοβιετικὴ Ἕνωσις.	Σόβιετ Γιούνιον.
Ἡνωμέναι Πολιτεῖαι τῆς Ἀμερικῆς.	Γιουνάητεντ Στέητς ὃβ Ἀμέρικα.
Αἴγυπτος.	Ἤτζιπτ.
Καναδᾶς.	Κάναντα.
Λατινικὴ Ἀμερική.	Λάτιν Ἀμέρικα.
Ἀθῆναι.	Ἄθενς.
Θεσσαλονίκη.	Θεσσαλονίκη.
Λονδίνον.	Λάν-ντον.
Βερολῖνον.	Μπερλίν.
Μόναχον.	Μιούνιχ.
Βόννη.	Μπόν.
Παρίσι.	Πάρις.
Ρώμη.	Ρόουμ.
Μιλάνο.	Μιλάν.
Φλωρεντία.	Φλόρενς
Βενετία.	Βένις.
Κοπεγχάγη.	Κόπενχάγκεν.
Νέα Ὑόρκη.	Νιοὺ Γιόρκ.
Οὐάσιγκτων.	Γουόσινγκτον.
Μόσχα.	Μόσκοου.

110

Cairo.	Κάϊρο.
Sydney.	Sídney.
Japan.	Iaponía.
Tokyo.	Tókio.

The Days of the Week	**E imère tis evdomádos**
Sunday.	Kiriakί.
Monday.	Deftèra.
Tuesday.	Tríti.
Wednesday.	Tetárti.
Thursday.	Pémpti.
Friday.	Paraskeví.
Saturday.	Sávaton.

ΕΥΡΕΤΗΡΙΟΝ

Κάϊρο.   Κάηαροου
Σύδνεϋ.   Σίντνυ.
Ἰαπωνία.   Τζαπάν.
Τόκιο.   Τόουκιοου

Αἱ Ἡμέραι τῆς
ἑβδομάδος   *Δὲ ντέϊζ οβ δὲ γουὴκ*

Κυριακή.   Σάντι
Δευτέρα.   Μάντι.
Τρίτη.   Τιούζντι.
Τετάρτη.   Γουένζντι.
Πέμπτη.   Θέρζντι.
Παρασκευή.   Φράϊντι.
Σάββατον.   Σάτερντι.

INDEX OF CONTENTS